LUNAR

REMASTERED

COLLECTION

SPIELANLEITUNG

Table of Contents

KAPITEL 1: EINFÜHRUNG IN DIE LUNAR-SERIE

1.1. Ursprünge und Vermächtnis

Der *MOND* Serie, eines der beliebtesten RPG-Franchises, begann mit der Veröffentlichung von *LUNAR: Der silberne Stern* im Jahr 1992. Dieses von Game Arts entwickelte Spiel führte die Spieler in eine detailreiche Welt voller Abenteuer, Magie und unvergesslicher Charaktere ein. Die fesselnde Geschichte des Spiels sowie der innovative Einsatz der CD-ROM-Technologie trugen zur Etablierung bei *MOND* als eines der wegweisenden Rollenspiele der frühen 90er Jahre. Hier ist eine Aufschlüsselung der Ursprünge und des Erbes des *MOND* Serie:

1. Die Geburt der Serie

- *LUNAR: Der silberne Stern* wurde erstmals 1992 für die Sega-CD veröffentlicht und markierte einen wichtigen Meilenstein in der Entwicklung von Rollenspielen. Das Spiel wurde für seine detaillierte Animation und seine starke Erzählung gelobt, die es von seinen Mitbewerbern abhob.
- Eine überarbeitete Version, *LUNAR: Silver Star Story abgeschlossen*wurde 1998 für die Sony PlayStation veröffentlicht und steigerte die Popularität des Spiels durch verbesserte Grafik, Sprachausgabe und zusätzliche Inhalte. Diese Version wurde schnell zu einem Klassiker und festigte den Platz des Spiels in der RPG-Geschichte.
- Die Serie wurde um erweitert *LUNAR 2: Ewiges Blau* im Jahr 1994, das auf dem Erfolg des Originals mit neuen Charakteren

und einer Geschichte aufbaute, die die etablierte Mythologie vertiefte *Der silberne Stern*.

2. Einfluss auf Rollenspiele und das Genre

- Der *MOND* Die Spiele zeichneten sich durch emotionale Tiefe, charakterbasiertes Geschichtenerzählen und einprägsame Musik aus. Diese Aspekte beeinflussten viele spätere Rollenspiele, darunter Titel wie *Final Fantasy VII* Und *Chrono-Trigger*. Die Spiele wurden für ihre fesselnden Kampfsysteme, den innovativen Einsatz von Animationen (dank der Eröffnungs- und speziellen Zwischensequenzen von Studio Ghibli) und den detaillierten Aufbau der Welt gelobt.
- Der Fokus auf geschichtengetriebenes Gameplay sowie die Tiefe von Charakteren wie Alex und Luna setzen einen neuen Standard für die Integration von Erzählungen in Rollenspiele. Der *MOND* In der Serie wurde auch die Sprachausgabe auf eine für die damalige Zeit innovative Weise eingeführt, wobei vollständig vertonte Zwischensequenzen zu einem Markenzeichen der PlayStation-Remakes wurden.

3. Kulturelle Auswirkungen

- Während die *MOND* Die Serie hatte nicht den gleichen weltweiten kommerziellen Erfolg wie Franchise-Unternehmen *Final Fantasy*, erlangte es eine starke Kult-Anhängerschaft, insbesondere unter Fans klassischer JRPGs. Die Spiele genießen in der RPG-Community immer noch hohes Ansehen wegen ihrer hochwertigen Produktion und dem einprägsamen Storytelling.
- Das Erbe von *MOND* wurde durch Neuveröffentlichungen, Remaster und Adaptionen auf verschiedenen Plattformen, einschließlich der PlayStation 4 und Mobilgeräten, gepflegt

und hält die Serie für neue Generationen von Spielern am Leben.

4. Die Remastered-Sammlung

- Die Veröffentlichung der *LUNAR Remastered Collection* ist sowohl für langjährige Fans als auch für Neueinsteiger ein bedeutender Moment. Das Remaster beinhaltet *LUNAR: Silver Star Story abgeschlossen* Und *LUNAR 2: Eternal Blue abgeschlossen*Es bietet aktualisierte Grafiken, verbesserten Sound und zusätzliche Funktionen zur Lebensqualität, um diese Klassiker in die Moderne zu bringen.
- Dieses Remaster bewahrt nicht nur den Charme der Originaltitel, sondern macht sie auch einem breiteren Publikum zugänglich und stellt so sicher, dass das Erbe von *MOND* floriert weiterhin in der Gaming-Welt.

Der *MOND* Die Serie ist und bleibt ein wichtiger Teil der RPG-Geschichte, deren Auswirkungen auf Generationen von Spielern spürbar sind. Sein wunderschönes Storytelling, sein innovatives Gameplay und seine zeitlosen Charaktere machen es zu einem Meilenstein in der Welt der Videospiele.

1.2. Übersicht über die Remastered Collection

Der *LUNAR Remastered Collection* vereint zwei der beliebtesten Rollenspiele des Genres, *LUNAR: Silver Star Story abgeschlossen* Und *LUNAR 2: Eternal Blue abgeschlossen*, in einem definitiven Paket für das moderne Publikum. Beide Spiele wurden ursprünglich in den frühen 1990er Jahren von Game Arts entwickelt und erhielten von der Kritik große Anerkennung für ihre fesselnden Geschichten, einprägsamen Charaktere und den beeindruckenden Einsatz der damaligen Technologie. Mit der Remastered Edition erhalten diese Titel einen neuen Anstrich und bieten verbesserte Grafik, aktualisierten Sound und modernisierte Funktionen, die sie zugänglicher denn je machen.

Hier finden Sie eine Übersicht über die wichtigsten Funktionen des *LUNAR Remastered Collection*:

1. Verbesserte Grafiken und Visuals

- Eine der auffälligsten Verbesserungen in der Remastered-Sammlung ist die deutliche visuelle Verbesserung. Die ursprünglichen 2D-Sprites und Hintergründe wurden mit Texturen mit höherer Auflösung überarbeitet und bieten den Spielern eine lebendigere und immersivere Welt zum Erkunden.
- Charaktermodelle und Umgebungen wurden wunderschön überarbeitet, um den klassischen Kunststil beizubehalten und gleichzeitig von der Klarheit und Detailgenauigkeit moderner Hardware zu profitieren.
- Das Remaster behält den Charme der ursprünglichen künstlerischen Ausrichtung bei und lässt ihn gleichzeitig auf modernen Konsolen erstrahlen.

2. Verbesserte Audio- und Sprachausgabe

- Die remasterte Sammlung umfasst neu aufgenommene Sprachausgabe und einen vollständig orchestrierten Soundtrack, der den Spielen ein modernes Audioerlebnis verleiht und gleichzeitig die emotionale Kraft der Originalkompositionen beibehält. Die neue Sprachausgabe verleiht den Charakterinteraktionen eine zusätzliche Tiefe und verbessert die Erzählung weiter.

- Das Remaster enthält außerdem Optionen zum Umschalten zwischen Original- und Remaster-Audio, was langjährigen Fans ein nostalgisches Erlebnis bietet und gleichzeitig neuen Spielern die verbesserten Klanglandschaften der Serie näher bringt.

3. Verbesserungen der Lebensqualität

- Der *LUNAR Remastered Collection* führt mehrere Lebensqualitätsfunktionen ein, die die Spiele unterhaltsamer und zugänglicher machen. Zu diesen Verbesserungen gehören anpassbare Schwierigkeitseinstellungen, schnellere Ladezeiten und die Möglichkeit, bestimmte Zwischensequenzen für Spieler zu überspringen, die sich in ihrem eigenen Tempo durch das Spiel bewegen möchten.
- Eine modernisierte Benutzeroberfläche sorgt für ein flüssigeres Navigationserlebnis und es gibt zusätzliche Speicheroptionen wie Schnellspeicherungen und automatische Speicherfunktionen, um Fortschrittsverluste bei langen Spielsitzungen zu verhindern.
- Spieler können jetzt auf ein digitales Bestiarium und eine Enzyklopädie im Spiel zugreifen, um mehr über die Überlieferungen, Charaktere und die Welt von zu erfahren *MOND* ohne das Spiel zu verlassen.

4. Zusätzliche Inhalte und freischaltbare Elemente

- Die remasterte Sammlung enthält nicht nur die Kernspiele; Es enthält auch zusätzliche Inhalte, die bisher nur in Sondereditionen erhältlich waren oder aus früheren Versionen herausgeschnitten wurden. Dazu gehören neue Nebenquests, Bonus-Dungeons und zusätzliche Story-

Elemente, die die Welt erweitern und die Geschichte vertiefen.

- Es wurden zahlreiche freischaltbare Elemente hinzugefügt, darunter Konzeptzeichnungen, Entwicklerinterviews hinter den Kulissen und mehr. Dies bietet eine Fülle zusätzlicher Materialien für Fans, die tiefer in die Geschichte und Entwicklung des Spiels eintauchen möchten *MOND* Serie.

5. Plattformübergreifendes Spielen und Zugänglichkeit

- Der *LUNAR Remastered Collection* ist auf mehreren Plattformen verfügbar, darunter PlayStation 5, PlayStation 4 und PC, mit zukünftigen Plänen für mobile Geräte. Das bedeutet, dass Spieler die remasterten Spiele auf ihrer bevorzugten Plattform genießen können, egal ob zu Hause oder unterwegs.
- Die Sammlung bietet außerdem volle Unterstützung für moderne Barrierefreiheitsoptionen, wie anpassbare Steuerelemente, farbenblinde Modi und Verbesserungen der Textlesbarkeit, um sicherzustellen, dass die Spiele einem breiteren Publikum Spaß machen können.

6. Originalgetreue Erholung mit modernen Verbesserungen

- Ziel des Remasters ist es, die Essenz und Seele der Originalspiele zu bewahren und gleichzeitig Verbesserungen vorzunehmen, die den aktuellen Erwartungen an moderne Rollenspiele entsprechen. Die Geschichten von *LUNAR: Silver Star Story abgeschlossen* Und *LUNAR 2: Eternal Blue abgeschlossen* bleiben unverändert, aber der Remaster erweckt sie mit frischen visuellen und akustischen Verbesserungen zum Leben, die dafür sorgen, dass sich das Erlebnis so zeitlos anfühlt wie eh und je.

7. Eine neue Generation von Spielern

- Der *LUNAR Remastered Collection* soll sowohl langjährige Fans der Serie als auch Neulinge ansprechen, die die Originalveröffentlichungen möglicherweise verpasst haben. Durch die Übertragung der Serie auf moderne Konsolen mit aktualisierten Funktionen und Verbesserungen bietet die Remastered Edition Spielern jeden Alters die Möglichkeit, die Magie von zu erleben *MOND* zum ersten Mal oder erleben Sie diese klassischen Spiele aus einer neuen Perspektive.

1.3. Wichtige Verbesserungen im Remaster

Der *LUNAR Remastered Collection* bringt zahlreiche wichtige Verbesserungen mit sich, die das Original aufwerten *MOND* Spiele, die sie für das moderne Publikum zugänglicher und unterhaltsamer machen und gleichzeitig den Kern der Klassiker bewahren. Diese Verbesserungen erstrecken sich auf Grafik, Audio, Gameplay und Lebensqualitätsfunktionen. Hier ist eine Aufschlüsselung der wichtigsten Verbesserungen in der Remastered Edition:

1. Aktualisierte Grafiken und Visuals

- **Hochauflösende Sprites und Umgebungen**: Die Charakter-Sprites, Hintergründe und Animationen wurden für eine höhere Auflösung vollständig überarbeitet, wodurch die Welt noch schöner wird *MOND* lebendiger und eindringlicher. Der klassische 2D-Kunststil wurde mit moderner Technologie verfeinert, sodass der Charme des Originals erhalten bleibt und es gleichzeitig auf aktueller Hardware glänzt.

- **Verbesserte Zwischensequenzen**: Die überarbeitete Sammlung bietet überarbeitete Zwischensequenzen mit flüssigeren Animationen und verfeinerten Charakterdesigns, wobei die emotionale Wirkung der ursprünglichen Sequenzen im Studio Ghibli-Stil erhalten bleibt.
- **Dynamische Beleuchtung und Effekte**: Neue Lichteffekte, Partikelsysteme und flüssigere Animationen erwecken die Umgebungen und Schlachten zum Leben und sorgen für ein ausgefeilteres und filmischeres Erlebnis, ohne den ursprünglichen Kunststil des Spiels zu beeinträchtigen.

2. Neu aufgenommene Sprachausgabe und orchestrierter Soundtrack

- **Überarbeitung der Sprachausgabe**: Der Remaster beinhaltet eine komplett neu aufgenommene Sprachausgabe, die den Charakteren und Dialogen neue Tiefe verleiht. Die Stimmenbesetzung wurde erweitert, mit zusätzlichen Stimmen für zuvor stumme Charaktere, was das gesamte Erzählerlebnis verbessert.
- **Orchestrierte Musik**: Der Soundtrack wurde neu orchestriert, um ein reichhaltigeres Audioerlebnis zu bieten. Ikonische Titel, wie z *LUNARs* Das berühmte Eröffnungsthema verfügt nun über ein verbessertes Orchesterarrangement und bietet ein emotionaleres Erlebnis.
- **Audio umschalten**: Spieler können zwischen den Original-Audiospuren und der remasterten, orchestrierten Version wechseln und haben so die Wahl zwischen Nostalgie und moderner Klangqualität. Darüber hinaus können Sie die Sprachausgabe für ein vollständig anpassbares Erlebnis umschalten.

3. Verbesserungen des Gameplays und des Kampfsystems

- **Überarbeitete Kampfmechanik:** Während die Kernkampfmechanik dem Original treu bleibt, wurden das Kampftempo und die Flüssigkeit geringfügig verbessert. Die Geschwindigkeit der Kämpfe wurde angepasst, um einen flüssigeren Ablauf zu gewährleisten, sodass Spieler den Kampf ohne die Verzögerungen früherer Hardware genießen können.
- **Neue Schwierigkeitsoptionen:** Das Remaster führt mehrere Schwierigkeitsstufen ein, sodass Spieler die Herausforderung an ihr Können anpassen können. Neueinsteiger in die Serie können die Geschichte in einem entspannten Tempo genießen, während Veteranen sich für ein anspruchsvolleres Erlebnis entscheiden können.
- **Zusätzliche Kampffunktionen:** Es gibt neue Kampfverbesserungen, einschließlich der Möglichkeit, Animationen zu beschleunigen und flüssigere Übergänge zwischen Runden zu ermöglichen, sodass sich der Kampf schneller und reaktionsschneller anfühlt.

4. Verbesserungen der Lebensqualität

- **Modernisierte Benutzeroberfläche**: Die Benutzeroberfläche wurde optimiert und aktualisiert, um modernen Gaming-Standards gerecht zu werden, mit klareren Menüs, einem intuitiveren Layout und einer reibungsloseren Navigation. Die Navigation in den Inventar- und Fertigkeitsmenüs ist jetzt einfacher, was das Benutzererlebnis insgesamt verbessert.
- **Speichern Sie die Systemüberholung:** Der Remaster führt moderne Speicheroptionen ein, einschließlich automatischer Speicher- und Schnellspeicherfunktionen, die eine flexiblere und bequemere Speicherverwaltung ermöglichen. Spieler können ihren Fortschritt jetzt jederzeit speichern, was es

einfacher macht, mit dem Spiel fortzufahren, ohne befürchten zu müssen, dass der Fortschritt verloren geht.

- **Option „Zwischensequenz überspringen".**: Spieler, die zuvor angesehene Zwischensequenzen oder Story-Sequenzen überspringen möchten, können dies jetzt tun, was bei wiederholten Besuchen des Spiels zu einem schnelleren Durchspielen führt.
- **Enzyklopädie und Bestiarium im Spiel**: Eine digitale Enzyklopädie im Spiel versorgt Spieler mit detaillierten Informationen über die Welt von *MOND*, einschließlich Überlieferungen, Charaktere, Monster und Gegenstände. Ein Bestiarium hilft den Spielern dabei, Monster zu verfolgen, denen sie im Laufe des Spiels begegnen, und gibt ihnen Einblick in die Schwächen, Verluste und das Verhalten der Feinde.

5. Erweiterter Inhalt

- **Bonus-Dungeons und Nebenquests**: Der Remaster enthält bisher unveröffentlichte oder gekürzte Inhalte wie neue Dungeons, zusätzliche Bosse und Nebenquests. Diese Ergänzungen sorgen für mehr Stunden Spielspaß und erweitern die Welt von *MOND*.
- **Freischaltbare Extras**: Spieler können verschiedene Zusatzinhalte freischalten, indem sie bestimmte Herausforderungen meistern oder Meilensteine im Spiel erreichen. Dazu gehören Konzeptzeichnungen, Entwicklerinterviews und exklusive Inhalte hinter den Kulissen, die einen tieferen Einblick in die Entstehung des Spiels bieten *MOND* Spiele.
- **Erweiterte Story-Elemente**: Es wurden einige neue Erzählelemente hinzugefügt, die die Hintergrundgeschichten der Charaktere erweitern und zusätzliche Dialoge bieten, die

die gesamte Geschichte bereichern, ohne die Kernhandlung zu verändern.

6. Barrierefreiheitsfunktionen

- **Farbenblinder Modus**: Für Spieler mit Farbsehbehinderungen enthält das Remaster farbenblinde Modi, die die Farbpalette des Spiels anpassen, um sicherzustellen, dass es für alle spielbar und unterhaltsam bleibt.
- **Anpassbare Steuerelemente**: Spieler können jetzt die Steuerung nach ihren Wünschen neu zuordnen, was das Erlebnis für alle Spieler komfortabler macht. Unabhängig davon, ob Sie eine Tastatur, einen Controller oder ein Handheld-Gerät verwenden, sorgt die überarbeitete Edition für Flexibilität bei den Steuerungsschemata.
- **Optionen für die Textlesbarkeit**: Schriftgröße und -stil können zur besseren Lesbarkeit angepasst werden, um sicherzustellen, dass das Spiel auch für Spieler zugänglich ist, die möglicherweise Schwierigkeiten beim Lesen kleinerer Texte haben.

7. Plattformübergreifendes Spielen und Cloud-Speichern

- Der *LUNAR Remastered Collection* ist auf mehreren Plattformen verfügbar, darunter PlayStation 5, PlayStation 4 und PC, mit Unterstützung für Cloud-Speicherungen. Dies bedeutet, dass Spieler ihr Spiel auf einer Plattform beginnen und auf einer anderen fortsetzen können, wobei ihr Fortschritt unabhängig davon, wo sie spielen, erhalten bleibt.
- Der Remaster beinhaltet außerdem volle Controller-Unterstützung auf allen Plattformen, sodass Spieler problemlos zwischen Gaming-Setups wechseln können, ohne die Konsistenz ihres Spielerlebnisses zu verlieren.

8. Benutzerfreundliche Funktionen für Neueinsteiger

- Der Remaster wurde so konzipiert, dass er Neulinge willkommen heißt, mit optionalen Tutorials und einem In-Game-Guide, der den Spielern hilft, die Spielmechanik zu verstehen. Für Veteranen sorgen die Möglichkeit, Tutorials zu überspringen und das schnellere Kampftempo dafür, dass das Erlebnis rationalisiert wird, ohne dass die Tiefe darunter leidet.
- **Hinweise und Hilfe**: Für diejenigen, die nicht weiterkommen, verfügt das Spiel über ein optionales Hinweissystem, das Vorschläge liefert, ohne die Rätsel oder die Geschichte des Spiels zu verderben.

1.4. So verwenden Sie dieses Handbuch

Willkommen im *LUNAR Remastered Collection* Spielanleitung! Dieser Leitfaden soll Ihnen alles bieten, was Sie brauchen, um die remasterten Versionen von voll genießen und navigieren zu können *LUNAR: Silver Star Story abgeschlossen* Und *LUNAR 2: Eternal Blue abgeschlossen*. Ganz gleich, ob Sie zum ersten Mal spielen oder ein erfahrener Spieler sind, dieser Leitfaden wird Ihnen dabei helfen, das Beste aus Ihrem Erlebnis herauszuholen. So nutzen Sie diesen Leitfaden effektiv:

1. Navigieren Sie durch die Kapitel

- Der Leitfaden ist in Kapitel unterteilt, die sich jeweils auf einen anderen Aspekt der Spiele konzentrieren. Benutzen Sie die **Inhaltsverzeichnis** am Anfang des Leitfadens, um die benötigten Informationen zu finden. Jedes Kapitel ist als eigenständige Ressource konzipiert. Sie können also bei Bedarf jederzeit zu bestimmten Abschnitten springen.

- Die Kapitel sind so angeordnet, dass sie Ihnen beim Durchlaufen der Spiele helfen. Sie beginnen mit den Grundlagen und gehen nach und nach zu fortgeschritteneren Themen über, wie detaillierten Komplettlösungen, Kampfstrategien und geheimen Inhalten.

2. Charakter- und Story-Details

- Für Spieler, die sich für die Erzählung und Charakterentwicklung interessieren, lesen Sie bitte die **Charakterprofile** Und **Walkthroughs zur Geschichte** Kapitel. Diese Abschnitte bieten ausführliche Informationen zu den Hauptfiguren, ihren Beziehungen und wichtigen Ereignissen der Geschichte, die die Handlung vorantreiben.
- Der **Walkthroughs zur Geschichte** sind im Spiel nach Kapiteln gegliedert und führen Sie Schritt für Schritt durch die Reise beider *LUNAR: Silver Star Story abgeschlossen* Und *LUNAR 2: Eternal Blue abgeschlossen*. Jedes Großereignis und jeder Bosskampf wird behandelt, mit Tipps, wie man Herausforderungen meistert.

3. Spielmechanik

- Der **Spielmechanik** Das Kapitel ist ein großartiger Ausgangspunkt, wenn Sie neu darin sind *MOND* Spiele. In diesem Abschnitt werden wichtige Funktionen wie Kampf, Magieeinsatz, Levelaufstieg und Verwaltung Ihres Inventars erläutert. Das Verständnis dieser Systeme ist für einen effizienten Fortschritt im Spiel unerlässlich.
- Dieses Kapitel enthält auch Tipps zum Umgang mit verschiedenen Systemen im Spiel, wie z. B. Ausrüstungs-Upgrades, Charakterfähigkeiten und magischen Fähigkeiten.

Lesen Sie diesen Abschnitt im Laufe des Spiels regelmäßig durch, um sicherzustellen, dass Sie das Potenzial Ihres Charakters optimal nutzen.

4. Tipps, Strategien und Kampfratschläge

- Der **Tipps und Strategien** Das Kapitel enthält zahlreiche praktische Ratschläge zur Herangehensweise an verschiedene Teile des Spiels, von Kampfstrategien bis hin zum Ressourcenmanagement. Wenn Sie Schwierigkeiten mit einem bestimmten Boss oder Rätsel haben, finden Sie in diesem Abschnitt Lösungen, die Ihnen helfen, schwierige Situationen zu meistern.
- Achten Sie besonders auf die Kampftipps, da einige Schlachten stattfinden *MOND* kann eine Herausforderung sein und eine durchdachte Strategie und Planung erfordern. Dieser Abschnitt bietet Einblicke in die Schwächen der Feinde, die ideale Gruppenzusammensetzung und wie Sie die Gesundheit und Magie Ihrer Gruppe in intensiven Schlachten verwalten.

5. Geheimnisse, Nebenquests und freischaltbare Gegenstände

- Für Spieler, die ein tieferes Erlebnis suchen, ist das **Erforschung und Weltaufbau** Das Kapitel bietet Tipps zum Aufdecken von Nebenquests, verborgenen Geheimnissen und optionalen Dungeons. In diesem Abschnitt können Sie Ihren Fortschritt in diesen zusätzlichen Inhaltsbereichen verfolgen und das volle Potenzial des ausschöpfen *MOND* Welt.
- Darüber hinaus ist die **Anhänge** Der Abschnitt enthält ein Glossar mit Begriffen, einen Trophäen- und Erfolgsleitfaden sowie eine Liste freischaltbarer Gegenstände, die Ihrem Spieldurchgang noch mehr Tiefe verleihen können.

6. Neue Funktionen im Remaster

- Schauen Sie sich unbedingt die an **Neue Funktionen in der Remastered Edition** Weitere Informationen zu allen Neuzugängen im Remaster finden Sie im Kapitel. Dieser Abschnitt wird Ihnen dabei helfen, die verbesserte Grafik, die neu aufgenommene Sprachausgabe, die verbesserte Kampfmechanik und die aktualisierte Benutzeroberfläche voll auszunutzen.
- Die Verbesserungen im Remaster bringen eine Fülle von Änderungen mit sich, und dieser Abschnitt stellt sicher, dass Sie keine davon verpassen. Egal, ob Sie zwischen altem und neuem Audio umschalten oder die Lebensqualitätsfunktionen nutzen, dieses Kapitel führt Sie durch das Remastered-Erlebnis.

7. Anhänge und zusätzliche Ressourcen

- Der **Anhänge** Der Abschnitt am Ende des Handbuchs ist eine nützliche Ressource zum schnellen Nachschlagen. Wenn Sie Informationen zu Bedingungen, Trophäen oder häufigen Gameplay-Fragen noch einmal durchsehen müssen, bietet dieser Abschnitt prägnante Antworten und zusätzliche Details, die Sie im Handumdrehen verwenden können.
- Der **Häufig gestellte Fragen (FAQ)** Dieser Abschnitt ist besonders hilfreich, wenn Sie bei einem Rätsel nicht weiterkommen oder auf einen Fehler stoßen. Hier wurden viele häufig auftretende Probleme angesprochen und schnelle Lösungen sowie Tipps zur Fehlerbehebung bereitgestellt.

8. Plattformübergreifende und barrierefreie Funktionen

- Wenn Sie auf mehreren Plattformen spielen oder Barrierefreiheitsfunktionen nutzen möchten, finden Sie in der Anleitung Anweisungen zum Einrichten von Cloud-Speichern, zum Anpassen von Steuerelementen und zum Verwenden von Funktionen wie Farbenblindmodi und Textlesbarkeitsoptionen. Diese Einstellungen stellen sicher, dass das Spiel zugänglich und unterhaltsam ist, unabhängig davon, welches Gerät Sie verwenden oder welche individuellen Bedürfnisse Sie haben.

9. Nutzen Sie den Leitfaden für ein vollständiges Durchspielen

- Für ein vollständiges, umfassendes Durchspielen beginnen Sie mit dem **Einführung** Lesen Sie das Kapitel durch und gehen Sie der Reihe nach die exemplarischen Abschnitte durch. Die exemplarischen Vorgehensweisen zur Hauptgeschichte führen Sie durch jedes Kapitel des Spiels **Nebenquests und Bonusinhalte** Abschnitte stellen sicher, dass Sie unterwegs keine zusätzlichen Funktionen verpassen.
- Benutzen Sie die **Tipps und Strategien** Und **Kampfsystem** Kapitel, um Ihr Gameplay zu verbessern, schwierige Bereiche zu überwinden und das zu behalten **Anhänge** Praktisch für alle zusätzlichen Ressourcen, die Sie während Ihrer Reise benötigen.

KAPITEL 2: ERSTE SCHRITTE

2.1. Installation und Einrichtung

Einrichten der *LUNAR Remastered Collection* ist ein unkomplizierter Prozess, aber es ist wichtig, diese Schritte sorgfältig zu befolgen, um ein reibungsloses Erlebnis zu gewährleisten. Unabhängig davon, ob Sie auf PlayStation oder PC spielen, finden Sie hier eine detaillierte Anleitung, die Ihnen den Einstieg erleichtert.

1. Für PlayStation (PS5/PS4)

- **Schritt 1: Kaufen und herunterladen**:
    - o Sie können das kaufen *LUNAR Remastered Collection* über den PlayStation Store. Gehen Sie einfach auf Ihrer Konsole in den Store und suchen Sie nach *LUNAR Remastered Collection*, und kaufe es.
    - o Sobald das Spiel gekauft wurde, wird es automatisch heruntergeladen und auf Ihrer Konsole installiert. Stellen Sie sicher, dass ausreichend Speicherplatz zur Verfügung steht.
- **Schritt 2: Starten Sie das Spiel**:
    - o Gehen Sie nach Abschluss der Installation zum Abschnitt „Spiele" Ihres PlayStation-Dashboards. Das solltest du sehen *LUNAR Remastered Collection* dort aufgeführt.
    - o Wählen Sie das Spiel aus und drücken Sie „X", um es zu starten.
- **Schritt 3: Erstmalige Einrichtung**:
    - o Beim ersten Start werden Sie möglicherweise aufgefordert, Ihre Einstellungen anzupassen (z. B. Spracheinstellungen und Audiooptionen). Diese

Einstellungen können später im Spiel jederzeit geändert werden **Optionen** Speisekarte.

- o Das Spiel führt Sie durch den anfänglichen Einrichtungsprozess, einschließlich der Konfiguration Ihres Displays und der Sicherstellung, dass die Einstellungen Ihres Spiels optimal für Ihre Spielumgebung sind.

2. Für PC (Steam oder andere Plattformen)

- **Schritt 1: Kaufen und herunterladen**:
  - o Der *LUNAR Remastered Collection* steht auf Plattformen wie Steam zum Download bereit. Gehen Sie zum Steam-Store, suchen Sie nach dem Spiel und kaufen Sie es.
  - o Nach dem Kauf wird das Spiel Ihrer Bibliothek hinzugefügt. Klicken Sie in Ihrer Bibliothek auf das Spiel und wählen Sie „Installieren".
- **Schritt 2: Installieren Sie das Spiel**:
  - o Wählen Sie den Zielordner, in dem Sie das Spiel installieren möchten. Stellen Sie sicher, dass auf Ihrem Laufwerk ausreichend Speicherplatz verfügbar ist.
  - o Nach der Installation erscheint das Spiel spielbereit in Ihrer Steam-Bibliothek.
- **Schritt 3: Starten und konfigurieren Sie die Einstellungen**:
  - o Starten Sie das Spiel über Ihre Steam-Bibliothek oder Desktop-Verknüpfung. Beim ersten Start werden Sie möglicherweise aufgefordert, Video- und Audioeinstellungen (Bildschirmauflösung, Grafikqualität, Toneinstellungen usw.) zu konfigurieren.
  - o Sie können auch Steam Cloud Saves aktivieren, um Ihren Spielfortschritt auf verschiedenen Geräten zu synchronisieren.

3. Für Mobilgeräte (falls zutreffend)

- **Schritt 1: Kaufen und herunterladen**:
    - o Gehen Sie zum Google Play Store (für Android) oder zum Apple App Store (für iOS) und suchen Sie nach *LUNAR Remastered Collection*, und kaufe das Spiel.
    - o Laden Sie es herunter und installieren Sie es auf Ihrem Gerät, sobald der Kauf abgeschlossen ist.
- **Schritt 2: Starten Sie das Spiel**:
    - o Öffnen Sie nach der Installation die App auf Ihrem Startbildschirm. Sie werden durch die Ersteinrichtung geführt.
- **Schritt 3: Einstellungen konfigurieren**:
    - o Passen Sie die Einstellungen für Anzeige (Helligkeit, Auflösung usw.), Audio und Steuerelemente an. Viele mobile Versionen bieten eine Touch-Steuerung, aber für ein traditionelleres Erlebnis haben Sie möglicherweise auch die Möglichkeit, einen Controller über Bluetooth zu verbinden.

2.2. Die Benutzeroberfläche verstehen

Die Benutzeroberfläche (UI) des *LUNAR Remastered Collection* wurde für moderne Systeme aktualisiert und behält dennoch das klassische Gefühl der Originalspiele bei. Es ist so konzipiert, dass es intuitiv und einfach zu navigieren ist, sodass sowohl Neulinge als auch Veteranen der Serie problemlos auf die erforderlichen Optionen und Informationen zugreifen können. Nachfolgend finden Sie eine Aufschlüsselung der wichtigsten Elemente, die Ihnen in der Benutzeroberfläche begegnen.

1. Hauptmenü

- **Spielen**: Dies ist der Ausgangspunkt, an dem Sie Ihre Reise beginnen, eine vorhandene Speicherdatei laden oder ein neues Spiel starten können. Von hier aus können Sie zwischen den beiden Spielen der Sammlung wählen: *LUNAR: Silver Star Story abgeschlossen* Und *LUNAR 2: Eternal Blue abgeschlossen.*
- **Optionen**: Greifen Sie auf die Einstellungen für Audio, Grafik, Steuerung und mehr zu. Sie können Dinge wie Bildschirmauflösung, Lautstärke der Soundeffekte, Hintergrundmusik und Sprachausgabe anpassen.
- **Extras**: Dieser Abschnitt enthält freischaltbare Gegenstände, Konzeptzeichnungen, Entwicklerinterviews und zusätzliche Inhalte wie Nebenquests oder DLC.
- **Credits**: Sehen Sie sich den Abspann des Spiels an, in dem Sie die talentierten Menschen hinter dem Remaster sehen können, darunter Entwickler, Künstler, Synchronsprecher und Komponisten.

2. Menü im Spiel

- **Inventar**: Hier verwalten Sie Ihre Gegenstände, Waffen, Rüstungen und Accessoires. Das System ist unkompliziert und ermöglicht es Ihnen, Charaktere auszurüsten und Heilgegenstände oder Schlüsselgegenstände zu verwenden, die für den Fortgang der Geschichte erforderlich sind.
- **Charakterstatistiken**: Dieser Bildschirm zeigt detaillierte Informationen zu jedem Charakter an, z. B. sein Level, seine Statistiken (HP, MP, Angriff, Verteidigung usw.), ausgerüstete Gegenstände und Fähigkeiten. Sie können über den Abschnitt „Charakter" im Menü darauf zugreifen und den Fortschritt jedes Charakters im Laufe des Spiels überwachen.

- **Magie und Fähigkeiten**: Zeichen in der *MOND* Serien verfügen über magische Fähigkeiten und Spezialfähigkeiten, auf die über das Fähigkeitenmenü zugegriffen werden kann. In diesem Abschnitt können Sie die Zaubersprüche und Fähigkeiten sehen, die jedem Charakter zur Verfügung stehen, sowie deren Wirksamkeit im Kampf.
- **Karte und Navigation**: Das Kartenmenü zeigt eine Draufsicht der Welt an und hilft Ihnen, Ihren Fortschritt zu verfolgen, wichtige Orte zu finden und alle Gebiete zu entdecken, die Sie noch nicht erkundet haben.

3. Kampfschnittstelle

- **Turn-Reihenfolge-Leiste**: Die Kampfoberfläche verfügt über eine Zugreihenfolgeleiste, die anzeigt, welche Charaktere und Feinde als nächstes handeln. Dadurch können Sie Ihre Angriffe und Strategien entsprechend planen, insbesondere bei der Verwaltung von Charakter-Buffs, Debuffs und magischen Fähigkeiten.
- **Aktionsschaltflächen**: Während des Kampfes werden Ihnen Optionen wie „Angriff", „Magie", „Gegenstände" und „Lauf" angezeigt. Das Design dieser Tasten ist einfach und unkompliziert und Sie können mit dem Controller oder der Maus/Tastatur zwischen den Optionen navigieren.
- **Charakterstatusanzeigen**: Während des Kampfes werden die Gesundheit (HP), die magischen Punkte (MP) und die Statuseffekte (z. B. Buffs oder Debuffs) jedes Charakters deutlich angezeigt. Mithilfe dieser Indikatoren können Sie den Zustand Ihrer Gruppe in Echtzeit verfolgen.

4. Einstellungsmenü

- **Audiooptionen**: Passen Sie die Lautstärke für Hintergrundmusik, Soundeffekte und Sprachausgabe an. Sie können auch zwischen verschiedenen Audiovoreinstellungen wählen oder einen individuellen Mix für Ihr Erlebnis erstellen.

- **Grafikeinstellungen**: Passen Sie Ihr visuelles Erlebnis an, indem Sie die Bildschirmauflösung, die grafische Wiedergabetreue und andere leistungsbezogene Einstellungen anpassen. Dadurch wird sichergestellt, dass das Spiel reibungslos auf Ihrem Gerät läuft, unabhängig davon, ob Sie einen High-End-PC oder eine eingeschränktere Plattform verwenden.
- **Kontrolleinstellungen**: Ordnen Sie Controller- oder Tastaturtasten nach Ihren Wünschen neu zu. Wenn Sie mit einem Controller spielen, können Sie ihn entsprechend Ihrem Spielstil konfigurieren. Mobile Spieler können die Touch-Steuerung für eine bessere Reaktionsfähigkeit anpassen.
- **Barrierefreiheitsoptionen**: Dazu gehören farbenblinde Modi, Anpassungen der Textgröße und andere Optionen, die das Spiel einem breiteren Publikum zugänglicher machen sollen.

5. Zusätzliche Funktionen

- **System speichern/laden**: Sie können Ihren Fortschritt jederzeit im Spiel speichern. In bestimmten Teilen des Spiels steht außerdem eine Schnellspeicherfunktion zur Verfügung, mit der Sie genau dort weitermachen können, wo Sie aufgehört haben.
- **Hinweise und Tutorials**: Wenn Sie neu im Spiel sind, können Sie Tutorials und Hinweise aktivieren, die Sie durch wichtige Spielsysteme führen. Diese Option kann für ein optimiertes Erlebnis jederzeit deaktiviert werden.
- **Erfolge und Trophäen**: Die Sammlung umfasst ein Trophäen-/Erfolgssystem, das Ihren Fortschritt verfolgt und Sie für das Abschließen bestimmter Herausforderungen belohnt, z. B. das Besiegen schwieriger Bosse oder das Entdecken versteckter Inhalte.

Der *LUNAR Remastered Collection* Die Benutzeroberfläche ist benutzerfreundlich gestaltet und verfügt über klare Menüs und eine einfache Navigation, die Ihr gesamtes Spielerlebnis verbessern. Egal, ob Sie die Welt von erkunden *MOND* Ob Sie zum ersten Mal spielen oder Ihre Abenteuer noch einmal erleben, die Benutzeroberfläche stellt sicher, dass Sie alle Werkzeuge, die Sie benötigen, immer zur Hand haben.

2.3. Spielmodi: Klassisch vs. Remastered

Eines der aufregendsten Features des *LUNAR Remastered Collection* ist die Möglichkeit, zwischen zu wählen **Klassischer Modus** Und **Remastered-Modus**. Dies ermöglicht es den Spielern, das Spiel so zu erleben, wie es ihren Vorlieben am besten entspricht – egal, ob Sie ein nostalgischeres Erlebnis oder eine modernisierte Version mit verbesserter Grafik und Funktionen suchen. Hier ist eine Aufschlüsselung beider Modi:

1. Klassischer Modus

- **Originalgrafik und Sound**: Der klassische Modus bietet den ursprünglichen grafischen Stil des *MOND* Spiele, wobei die pixelige Grafik und die frühen Soundeffekte erhalten bleiben, an die sich Fans der Originaltitel erinnern. Während die Auflösung immer noch für moderne Hardware optimiert ist, bleibt die Grafik ihren Retro-Wurzeln treu.
- **Originelles Spielerlebnis**: Im klassischen Modus bleibt das Gameplay so, wie es bei der Erstveröffentlichung war, komplett mit der ursprünglichen Kampfmechanik, dem UI-Design und dem Gesamtschwierigkeitsgrad. Sie werden das Spiel genau so erleben, wie es zu seiner Blütezeit entwickelt

wurde, ohne Änderungen am Verhalten der Feinde, am Tempo der Schlachten oder am allgemeinen Spielfluss.

- **Old-School-Schnittstelle**: Die Menüs, Bedienelemente und die Benutzeroberfläche bleiben im Originaldesign erhalten, was den Spielern das Gefühl gibt, in die Vergangenheit zurückzukehren. Dieser Modus ist ideal für langjährige Fans, die das noch einmal erleben möchten *MOND* genau so erleben, wie es war.
- **Eingeschränkte Funktionen**: Einige der in der Remastered-Version eingeführten neuen Funktionen, wie z. B. neu aufgenommene Sprachausgabe und modernisierte Kampfmechanik, sind im klassischen Modus nicht verfügbar. Dieser Modus bleibt beim Originalinhalt und sorgt so für ein authentischeres Erlebnis.

2. Remastered-Modus

- **Verbesserte Grafik und Sound**: Der Remastered-Modus bietet atemberaubende hochauflösende Bilder mit detaillierten Sprites, dynamischen Lichteffekten und einer verfeinerten Farbpalette. Die Umgebungen, Charaktere und Animationen wurden aktualisiert, um dem Spiel ein modernes Erscheinungsbild zu verleihen und gleichzeitig der ursprünglichen Ästhetik treu zu bleiben. Darüber hinaus wurde der Soundtrack neu orchestriert und die Sprachausgabe mit einer neuen Besetzung komplett neu aufgenommen, um ein filmischeres Erlebnis zu bieten.
- **Verbesserte Spielmechanik**: Der Remastered-Modus enthält mehrere Gameplay-Verbesserungen, wie flüssigere Animationen, aktualisiertes Kampftempo und neue Schwierigkeitsgrade. Der Kampf fühlt sich flüssiger an und die Geschwindigkeit der Kämpfe wurde für moderne Spieler optimiert, sodass sie spannender sind.

- **Merkmale der Lebensqualität**: Dieser Modus führt mehrere Verbesserungen der Lebensqualität ein, wie z. B. schnellere Kampfübergänge, automatische Speicherfunktion, anpassbare Steuerelemente und eine benutzerfreundlichere Benutzeroberfläche. Das Spiel enthält außerdem neue Optionen wie die Möglichkeit, Zwischensequenzen zu überspringen, modernisierte Textfelder und neue In-Game-Tutorials für Anfänger.
- **Erweiterter Inhalt**: Im Remastered-Modus haben Spieler Zugriff auf neue Inhalte, die in der Classic-Version nicht zu finden sind, darunter Bonus-Dungeons, zusätzliche Nebenquests und bisher unzugängliche Story-Elemente. Darüber hinaus gibt es freischaltbare Extras wie Konzeptzeichnungen und Entwicklerinterviews, die tiefere Einblicke in die Entstehung des Spiels gewähren *MOND* Serie.

3. Zwischen Modi wechseln

- Die remasterte Sammlung ermöglicht Ihnen den Wechsel zwischen **Klassischer Modus** Und **Remastered-Modus** jederzeit. Egal, ob Sie nostalgisch spielen oder die erweiterten Funktionen ausprobieren möchten, die Möglichkeit, zwischen den Modi zu wechseln, ist eine fantastische Option, die allen Spielertypen gerecht wird.
- **Visuelle/Audio-Einstellungen**: Sie können auch bestimmte Aspekte jedes Modus anpassen, z. B. den Ton zwischen Originaltiteln oder neu orchestrierter Musik anpassen und die Grafiktreue optimieren, um sicherzustellen, dass das Spiel auf Ihrer Plattform reibungslos läuft.

4. Welchen Modus sollten Sie wählen?

- **Wählen Sie den klassischen Modus** wenn Sie ein eingefleischter Fan der Originalspiele sind und sie genau so erleben möchten, wie sie waren. Es ist der perfekte Modus für Spieler, die Nostalgie schätzen und die Vergangenheit ohne Änderungen oder Ergänzungen noch einmal erleben möchten.

- **Wählen Sie den Remastered-Modus** wenn Sie nach einer aktualisierten, ausgefeilten Version des Spiels mit verbesserter Grafik, Sprachausgabe und neuen Funktionen suchen. Dieser Modus bietet ein moderneres Erlebnis, das für neuere Spieler oder diejenigen, die eine neue Interpretation der Klassiker suchen, attraktiv sein könnte.

2.4. Anpassen der Einstellungen

Eines der Hauptmerkmale des *LUNAR Remastered Collection* sind die umfangreichen Anpassungsmöglichkeiten, mit denen Sie das Spiel an Ihre Vorlieben anpassen können. Ganz gleich, ob es um die Anpassung von Grafiken, Steuerelementen oder Barrierefreiheitsfunktionen geht, Sie können ein personalisiertes Erlebnis schaffen, das zu Ihrem Spielstil passt. Hier ist eine Aufschlüsselung der Einstellungen, die Sie anpassen können:

1. Audioeinstellungen

- **Hintergrundmusik:** Passen Sie die Lautstärke der Spielmusik an, einschließlich der Möglichkeit, zwischen der ursprünglichen 16-Bit-Musik und dem neu orchestrierten Soundtrack umzuschalten. Sie können die Musiklautstärke auf die gewünschte Lautstärke einstellen oder sie sogar stumm schalten, wenn Sie ein eher stimmungsvolles Klangerlebnis bevorzugen.

- **Soundeffekte**: Steuern Sie die Lautstärke von Soundeffekten im Spiel, z. B. die Geräusche, die während Schlachten, Schritten und Charakteraktionen entstehen. Dadurch können Sie die perfekte Balance zwischen Soundeffekten und Musik schaffen.
- **Sprachausgabe**: Wählen Sie je nach Wunsch zwischen der überarbeiteten Sprachausgabe oder den Original-Soundeffekten. Einige Spieler bevorzugen möglicherweise die Nostalgie der ursprünglichen Sprachausgabe, während andere die frische, modernisierte Sprachausgabe genießen.

2. Grafikeinstellungen

- **Auflösung**: Passen Sie die Auflösung des Spiels an Ihren Bildschirm an. Unabhängig davon, ob Sie auf einem 1080p-Monitor, einem 4K-Fernseher oder einem kleineren Handheld-Gerät spielen, können Sie die Auflösung anpassen, um die beste Leistung zu erzielen.
- **Grafikqualität**: Wählen Sie je nach den Fähigkeiten Ihres Systems aus verschiedenen Grafikqualitätsoptionen (Niedrig, Mittel, Hoch, Ultra). Dies trägt dazu bei, die Leistung auf Geräten der unteren Preisklasse zu optimieren oder die visuelle Wiedergabetreue auf leistungsstärkerer Hardware zu verbessern.
- **Fenster/Vollbild**: Sie können je nach Wunsch zwischen Fenster- und Vollbildmodus wechseln. Der Fenstermodus ist ideal für Multitasking, während der Vollbildmodus für das beeindruckendste Erlebnis sorgt.
- **V-Sync und Framerate-Cap**: Wenn Bildschirmrisse oder Leistungsprobleme auftreten, können Sie V-Sync aktivieren oder die Bildrate begrenzen, um die flüssige Wiedergabe während des Spiels zu verbessern.

3. Kontrolleinstellungen

- **Tastenbelegung (PC)**: In der PC-Version können Sie die Tastatur- und Maussteuerung nach Ihren Wünschen neu zuordnen. Wenn Sie unterschiedliche Tastenkombinationen für Bewegungen, Angriffe oder die Verwendung von Gegenständen bevorzugen, können Sie mit dieser Option ein personalisiertes Steuerungslayout erstellen.
- **Controller-Unterstützung**: Das Spiel unterstützt eine Vielzahl von Controllern, einschließlich PlayStation-Controllern und Geräten von Drittanbietern. Sie können die Controller-Einstellungen anpassen, einschließlich Tastenneubelegung, Vibrationsintensität und mehr. Unabhängig davon, ob Sie einen kabelgebundenen oder einen Bluetooth-Controller verwenden, sorgt das Spiel für ein nahtloses Erlebnis.
- **Empfindlichkeit**: Passen Sie die Empfindlichkeit für Maus- oder Controller-Eingaben an, um präzise Bewegungen und Reaktionsfähigkeit während des Kampfes oder der Erkundung sicherzustellen. Dies ist besonders nützlich für Spieler, die ein persönlicheres Steuerungserlebnis wünschen.

4. Barrierefreiheitseinstellungen

- **Farbenblinder Modus**: Das Spiel enthält Optionen für farbenblinde Spieler mit Anpassungen der Farbpalette, um das Spiel zugänglicher zu machen. Wählen Sie aus einer Reihe von Voreinstellungen (Deuteranopie, Protanopie, Tritanopie), um sicherzustellen, dass wichtige Elemente, wie z. B. Gesundheitsbalken des Feindes und Kartensymbole, leicht zu unterscheiden sind.
- **Textgröße und Schriftart**: Sie können die Textgröße in Dialogfeldern und Menüs vergrößern oder verkleinern sowie den Schriftstil ändern. Dies ist besonders hilfreich für Spieler

mit Sehbehinderungen oder diejenigen, die einfach größere Texte bevorzugen.

- **Untertitel**: Untertitel während Zwischensequenzen und Dialogsequenzen aktivieren oder deaktivieren. Sie können auch die Größe und Position der Untertitel auf dem Bildschirm anpassen, um die Lesbarkeit zu verbessern.

5. Spielschwierigkeit und Durchspieleinstellungen

- **Schwierigkeitsgrad**: Der *LUNAR Remastered Collection* bietet verschiedene Schwierigkeitsstufen. Wählen Sie aus **Einfach**, **Normal**, oder **Hart** Abhängig von Ihrem bevorzugten Herausforderungsniveau. Neue Spieler können ein entspanntes Erlebnis genießen, während erfahrene Spieler ihre strategischen Fähigkeiten auf höheren Schwierigkeitsstufen testen können.
- **Kampfgeschwindigkeit**: Passen Sie die Geschwindigkeit von Kampfanimationen und Übergängen an. Sie können Kampfanimationen für ein schnelleres Erlebnis beschleunigen oder sie für einen methodischeren Ansatz verlangsamen.
- **Automatisch speichern**: Aktivieren oder deaktivieren Sie die Funktion zum automatischen Speichern. Dies ist nützlich, um Fortschrittsverluste bei unerwarteten Unterbrechungen zu verhindern. Wenn Sie manuelles Speichern bevorzugen, können Sie das automatische Speichern deaktivieren und sich auf herkömmliche Speicherpunkte verlassen.

6. Optionen zur Spielunterstützung

- **Tutorials und Hinweise**: Tutorials und Hinweise ein- oder ausschalten. Neulinge im Spiel können von diesen hilfreichen Anleitungen profitieren, während erfahrene Spieler sie deaktivieren können, um das Spiel ohne Unterbrechungen zu genießen.

- **Schnelle Reise**: Falls im Remaster verfügbar, können Sie Schnellreisefunktionen aktivieren oder deaktivieren, um die Reisezeit zwischen Standorten zu verkürzen und sich schnell um die Welt zu bewegen.

Diese Anpassungsmöglichkeiten stellen dies sicher *LUNAR Remastered Collection* richtet sich an ein breites Spektrum von Spielern, von Spielern, die hochglanzpolierte, modernisierte Spielerlebnisse genießen, bis hin zu Spielern, die einen traditionelleren Ansatz bevorzugen. Sie können jeden Aspekt des Spiels an Ihren Spielstil anpassen und so ein möglichst unterhaltsames und personalisiertes Abenteuer schaffen.

KAPITEL 3: CHARAKTERPROFILE

3.1. Protagonisten: Alex und Hiro

Der *LUNAR Remastered Collection* stellt zwei zentrale Protagonisten vor: **Alex** aus *LUNAR: Silver Star Story abgeschlossen* Und **Hiro** aus *LUNAR 2: Eternal Blue abgeschlossen*. Beide Charaktere sind bei den Fans beliebt und spielen in ihren jeweiligen Geschichten eine entscheidende Rolle. Hier erhalten Sie einen detaillierten Einblick in ihre Hintergründe, Persönlichkeiten und Schlüsselqualitäten, die sie zu unvergesslichen Helden machen.

1. Alex (LUNAR: Silver Star Story Complete)

- **Hintergrund**: Alex ist ein junger, traumgetriebener Junge aus der ruhigen Stadt Burg, gelegen in der Welt von *MOND*. Er vergöttert den legendären Drachenmeister Dyne und sehnt sich nach einem Leben voller Abenteuer und Heldentum. Seine Reise beginnt damit, dass er sich aufmacht, seine Freundin aus Kindertagen, Luna, zu retten, und entwickelt sich schnell zu einer viel größeren Aufgabe, den bösen Zauberer Ghaleon aufzuhalten und die Welt zu beschützen.
- **Persönlichkeit**: Alex zeichnet sich durch Ernsthaftigkeit, Optimismus und Entschlossenheit aus. Anfangs ist er etwas naiv, aber immer bereit, die Bedürfnisse anderer über seine eigenen zu stellen, was ihn zu einem von Natur aus sympathischen und sympathischen Protagonisten macht. Sein unerschütterlicher Glaube an Freundschaft und Gerechtigkeit dient als zentrale Motivation während seines gesamten Abenteuers.
- **Motivation**: Alex' Hauptziel ist es zu beweisen, dass er dem Erbe der Drachenmeister gerecht werden und seine Lieben beschützen kann. Im Laufe seiner Reise entwickelt sich Alex

von einem idealistischen Träumer zu einem wahren Helden, der die Verantwortung übernimmt, die Welt und seine Gefährten zu beschützen.

2. Hiro (LUNAR 2: Eternal Blue Complete)

- **Hintergrund**: Hiro ist ein temperamentvoller kleiner Junge aus der Stadt Burg in *Mond 2*. Ähnlich wie Alex ist Hiro begeistert davon, ein großer Abenteurer zu werden, obwohl seine Herkunft eher auf praktischen Aktivitäten beruht. Als er das mysteriöse Mädchen Lucia trifft, begibt er sich auf eine Reise, um ein katastrophales Ereignis zu verhindern, das die Welt zerstören könnte.
- **Persönlichkeit**: Hiro ist selbstbewusst, klug und seinen Freunden gegenüber loyal. Er setzt sich schnell für diejenigen ein, die sich nicht wehren können, und ist immer bereit für eine Herausforderung. Auch wenn er schon früh eine gewisse übermütige Haltung an den Tag legt, entwickelt er sich im Laufe der Geschichte immer reifer und erkennt das Gewicht des Schicksals der Welt und seine Rolle bei deren Rettung.
- **Motivation**: Hiros Hauptmotivation rührt von seinem Wunsch her, diejenigen zu beschützen, die ihm wichtig sind, insbesondere Lucia, und die Wahrheit über seine mysteriöse Vergangenheit aufzudecken. Im Verlauf seiner Reise wird ihm klar, dass sein Handeln mit dem Schicksal der Welt verbunden ist und er sich der Situation stellen muss, um den drohenden Untergang abzuwenden.

3.2. Nebencharaktere

Der *MOND* Die Serie verfügt über eine reichhaltige Besetzung an Nebencharakteren, die die Protagonisten auf ihren Aufgaben begleiten und ihnen sowohl emotionale Unterstützung als auch einzigartige Fähigkeiten im Kampf bieten. Diese Charaktere verleihen der Geschichte Tiefe und tragen dazu bei, die Erfahrungen der Protagonisten zu bereichern.

1. Luna (LUNAR: Silver Star Story Complete)

- **Hintergrund**: Luna ist die Jugendfreundin und Liebesinteressierte von Alex. Sie besitzt eine mysteriöse Verbindung zum Mond, die zu einem zentralen Teil der Handlung der Geschichte wird. Ihre sanfte, gutherzige Art macht sie bei ihren Mitmenschen beliebt.
- **Rolle**: Lunas Hauptaufgabe besteht darin, Alex' emotionaler Anker zu sein. Sie dient als Motivationsfaktor für seine Reise und spielt später eine entscheidende Rolle im Konflikt zwischen den Kräften des Mondes.

2. Nash (LUNAR: Silver Star Story Complete)

- **Hintergrund**: Nash ist ein sarkastischer und selbstbewusster Zauberer, der sich zunächst Alex' Gruppe anschließt. Er reißt oft schnell Witze oder macht abfällige Bemerkungen, aber hinter seinem frechen Auftreten verbirgt sich, dass er ein treuer Verbündeter und ein kompetenter Magier ist.
- **Rolle**: Als Zauberer bietet Nash in Kämpfen mächtige magische Unterstützung und fügt der Gruppendynamik ein humorvolles Element hinzu. Seine Interaktionen mit Alex und anderen sorgen für die dringend benötigte komische Erleichterung, aber er wächst im Verlauf der Geschichte auch emotional.

3. Ruby (LUNAR 2: Eternal Blue Complete)

- **Hintergrund**: Ruby ist ein sprechender Drache, der Hiro während seines gesamten Abenteuers als Begleiter dient. Sie beschützt Hiro aufs Schärfste und schenkt ihm auf der Reise sowohl Weisheit als auch Kraft.
- **Rolle**: Ruby fungiert sowohl als Mentor als auch als mächtiger Verbündeter im Kampf. Ihre Drachenfähigkeiten sind entscheidend für die Überwindung vieler Hindernisse, mit denen Hiro konfrontiert ist, und ihre tiefe Bindung zu ihm gibt dem Spieler während des gesamten Spiels ein Gefühl von Loyalität und Kameradschaft.

4. Jean (LUNAR 2: Eternal Blue Complete)

- **Hintergrund**: Jean ist eine starke und unabhängige Kriegerin, die sich später im Spiel Hiros Gruppe anschließt. Sie stammt aus einem Dorf voller Kriegerinnen und verfügt über eine beeindruckende körperliche Stärke.
- **Rolle**: Jean verfügt über dringend benötigte körperliche Fähigkeiten und ist eine Schlüsselkämpferin in der Gruppe, die es mit ihren Kampffähigkeiten mit Feinden aufnehmen kann. Ihre Rolle beleuchtet auch Themen wie Loyalität und Ehre, während sie sich der Aufgabe anschließt, ihre neu gewonnenen Freunde zu beschützen und die Geheimnisse um Lucia aufzudecken.

3.3. Charakterentwicklung und Fähigkeiten

Charakterentwicklung ist ein Kernthema in *MOND* Serie, und im Laufe des Spiels entwickeln sich die Protagonisten und Nebencharaktere sowohl in Bezug auf ihre Persönlichkeit als auch ihre Kampffähigkeiten weiter. Hier ist ein Überblick über die wichtigsten Aspekte der Charakterentwicklung:

1. Charakterwachstum

- **Alex' Entwicklung**: Alex beginnt als unerfahrener und etwas naiver Junge, aber als er sich Schwierigkeiten und Herausforderungen stellt, entwickelt er sich zu einer Heldenfigur, die in der Lage ist, schwierige Entscheidungen zu treffen. Sein Wachstum spiegelt sich nicht nur in seinen Führungsqualitäten wider, sondern auch in seiner Fähigkeit, starke, vertrauensvolle Beziehungen zu seinen Gefährten aufzubauen.
- **Hiros Reife**: Hiro ist am Anfang selbstbewusster als Alex, aber mit der Zeit lernt er, wie wichtig Teamarbeit, Opferbereitschaft und Verantwortung sind. Während er an der Seite von Lucia und seinen Gefährten reist, wird Hiros Persönlichkeit weicher und er wird ein einfühlsamerer und selbstloserer Mensch.

2. Fähigkeiten und Fertigkeiten

- **Alex' Fähigkeiten**: Als Schwertkämpfer ist Alex auf körperliche Angriffe und Verteidigungstaktiken spezialisiert. Im Laufe des Spiels erhält Alex Zugriff auf mächtige Kampffähigkeiten, insbesondere solche, die mit dem Erbe des Drachenmeisters verbunden sind. Seine magischen Fähigkeiten sind im Vergleich zu anderen Charakteren weniger ausgeprägt, aber seine Stärke und Entschlossenheit machen ihn zu einem wertvollen Helfer im Kampf.
- **Hiros Fähigkeiten**: Hiro beherrscht sowohl physische Angriffe als auch elementare Magie. Seine vielfältigen Fähigkeiten ermöglichen es ihm, sich an verschiedene Kampfszenarien anzupassen, und seine Entwicklung als Kämpfer und Magier

macht ihn zu einem vielseitigen Protagonisten. Während er in der Geschichte voranschreitet, schaltet Hiro auch einzigartige Fähigkeiten frei, die ihm bei seiner Suche nach der Rettung der Welt helfen.

3. Unterstützende Fähigkeiten der Charaktere

- **Nashs Magie**: Nash ist ein mächtiger Magier, der sich auf Elementarzauber spezialisiert hat, was ihn zu einem entscheidenden Faktor macht, wenn es darum geht, Feinde mit Elementarschwächen zu besiegen. Sein Fortschritt als Zauberer beinhaltet das Freischalten mächtigerer Zaubersprüche im Verlauf der Geschichte.
- **Rubys Drachenfähigkeiten**: Rubys Drachenfähigkeiten spielen in Schlachten eine entscheidende Rolle, da sie mächtige Zauber wirken und sich in eine beeindruckende Streitmacht verwandeln kann. Ihre Entwicklung ist mit der Entdeckung ihrer wahren Macht und der alten Geschichte der Drachen in der Welt verbunden.
- **Jeans physischer Kampf**: Jeans Hauptstärke liegt in ihren körperlichen Kampffähigkeiten. Ihre Kampffähigkeiten ermöglichen es ihr, Feinden schweren Schaden zuzufügen, und ihre Rolle als Panzer macht sie zu einem unverzichtbaren Helfer für den Schutz schwächerer Gruppenmitglieder im Kampf.

3.4. Sprachbesetzung und Auftritte

Die Stimmbesetzung der *LUNAR Remastered Collection* spielt eine wichtige Rolle dabei, die Charaktere zum Leben zu erwecken, insbesondere bei den remasterten Versionen mit neu aufgenommener Sprachausgabe. Die neuen Sprachdarbietungen sorgen für ein noch intensiveres Erlebnis und zeigen die emotionale Tiefe der Charaktere.

1. Alex' Synchronsprecher

- **Leistung**: Alex' Synchronsprecher verleiht der Figur jugendlichen Enthusiasmus und Aufrichtigkeit und fängt seine Entwicklung vom idealistischen Träumer zum selbstbewussten Helden wirkungsvoll ein. Die Leistung des Schauspielers unterstreicht Alex' Ernsthaftigkeit und seine unerschütterliche Entschlossenheit, seine Freunde zu beschützen.

2. Hiros Synchronsprecher

- **Leistung**: Hiros Synchronsprecher liefert eine charismatische und energiegeladene Darbietung, die zur temperamentvollen und abenteuerlustigen Persönlichkeit der Figur passt. Während Hiro im Laufe der Geschichte reifer wird, vermittelt der Synchronsprecher wirkungsvoll die subtilen emotionalen Veränderungen, die auftreten, sodass sich Hiros Entwicklung authentisch und wirkungsvoll anfühlt.

3. Nebendarsteller

- **Nash**: Der Synchronsprecher von Nash verleiht dem Charakter einen sarkastischen, aber dennoch fürsorglichen Ton, der seine witzige Natur und seine letztendliche emotionale Entwicklung widerspiegelt. Nashs Stimmarbeit trägt dazu bei, den Charakter über sein bissiges Äußeres hinaus zu vermenschlichen und ermöglicht es den Spielern, sich auf einer tieferen Ebene mit ihm zu verbinden.
- **Rubin**: Rubys Synchronsprecherin verleiht der Figur ein Gefühl von Weisheit und mütterlicher Wärme und bildet ein

perfektes Gegengewicht zu ihrer wilden Drachenpersönlichkeit. Ihre Stimme strahlt sowohl Kraft als auch Zärtlichkeit aus und macht sie zu einem wichtigen emotionalen Anker der Party.

- **Jean**: Jeans Synchronsprecherin verleiht ihr eine starke und souveräne Präsenz, mit einem Hauch von Verletzlichkeit, der im Verlauf ihrer Hintergrundgeschichte zum Vorschein kommt. Die Stimmarbeit betont ihren Kriegergeist und unterstreicht gleichzeitig ihre emotionale Tiefe, während sie starke Bindungen zu ihren Gefährten aufbaut.

Die Stimmenbesetzung erweckt jeden Charakter zum Leben *LUNAR Remastered Collection*, was es den Spielern ermöglicht, sich tiefer mit der Geschichte und den Charakteren zu verbinden. Ob es der jugendliche Optimismus von Alex, der selbstbewusste Charme von Hiro oder die emotionale Stärke der Nebendarsteller sind – die Darbietungen tragen wesentlich dazu bei, ein unvergessliches Spielerlebnis zu schaffen.

KAPITEL 4: GAMEPLAY-MECHANIK

4.1. Übersicht über das Kampfsystem

Der *LUNAR Remastered Collection* verfügt über ein reichhaltiges und fesselndes rundenbasiertes Kampfsystem, das für das moderne Publikum verfeinert und verbessert wurde. Unter Beibehaltung der Kernmechanik, die die Originalspiele zu Ikonen gemacht hat, führt die Remastered-Version einige Aktualisierungen und Verbesserungen ein, die die Kämpfe dynamischer und fesselnder machen. Hier ein Überblick über das Kampfsystem:

1. Rundenbasierter Kampf

- Das Kampfsystem im *MOND* Die Serie bleibt traditionell rundenbasiert, wobei jeder Charakter und Feind abwechselnd Aktionen ausführt. Dieses klassische System ermöglicht es den Spielern, ihre Bewegungen sorgfältig zu planen und Strategien anzuwenden, um schwierige Feinde zu besiegen.
- Die Charaktere agieren auf der Grundlage ihrer Geschwindigkeitsstatistiken, und Sie können für jeden Charakter zu Beginn seines Zuges Befehle in die Warteschlange stellen, sodass sich die Kämpfe strategisch und durchdacht anfühlen.

2. Active Time Battle (ATB)-System

- Die remasterten Versionen von *MOND* nutzen Sie eine **Aktiver Zeitkampf (ATB)** System, bei dem sich die Aktionsanzeigen der Charaktere mit der Zeit füllen. Sobald die Anzeige eines Charakters voll ist, kann er handeln. Dieses System fügt der rundenbasierten Mechanik eine Ebene Echtzeitstrategie hinzu, die die Spieler beschäftigt und dafür sorgt, dass die Kämpfe nicht zu vorhersehbar oder zu langsam werden.
- Die ATB-Anzeige füllt sich je nach Beweglichkeit des Charakters unterschiedlich schnell und ermöglicht je nach Statistik schnellere oder langsamere Wendungen.

3. Combo- und Kettenangriffe

- Eine der aufregenden Ergänzungen im *LUNAR Remastered Collection* ist die Fähigkeit zu initiieren **Combo** Und **Kettenangriffe**. Durch die Auswahl bestimmter Charaktere in bestimmten Reihenfolgen oder Kombinationen können Sie spezielle Teamangriffe auslösen, die massiven Schaden verursachen. Diese Combo-Angriffe erfordern gutes Timing und strategische Planung und belohnen die Spieler für eine sorgfältige Charakterauswahl und -positionierung.

- Diese Angriffe haben oft auffällige Animationen und eignen sich hervorragend, um in schwierigen Schlachten das Blatt zu wenden.

4. Spezialbewegungen und Grenzüberschreitungen

- Wenn Charaktere aufsteigen und wachsen, erhalten sie Zugang zu **Spezialbewegungen** Und **Limit-Breaks** die verheerenden Schaden anrichten oder im Kampf einzigartige Vorteile bieten. Diese Bewegungen gehen häufig mit Abkühlungs- oder Energieanforderungen einher und müssen daher zum richtigen Zeitpunkt eingesetzt werden, um ihre Wirkung zu maximieren.
- Jeder Protagonist und jeder Nebencharakter verfügt über eigene charakteristische Fähigkeiten, die im Laufe des Spiels freigeschaltet werden können.

5. Feindliche Schwächen und Zielausrichtung

- Für den Erfolg im Kampf ist es entscheidend, die Schwächen des Feindes zu verstehen. Jeder Feind hat eine bestimmte elementare oder physische Schwäche, die mit Magie, Waffen oder bestimmten Fähigkeiten ausgenutzt werden kann. Die strategische Bekämpfung dieser Schwachstellen kann zu schnelleren und effizienteren Schlachten führen.
- Spieler können sich in Schlachten mit mehreren Zielen auch auf bestimmte Feinde konzentrieren, indem sie diese direkt über die Kampfoberfläche auswählen und so eine bessere Kontrolle darüber haben, wie sie mit Feinden umgehen.

4.2. Magie und Fähigkeiten

Magie und Fähigkeiten stehen im Mittelpunkt *LUNAR Remastered Collection*s Kampf und bietet eine Vielzahl von Strategien für den Umgang mit Feinden. Von Angriffszaubern bis hin zu Heilungs- und Statuseffekten ist das Magiesystem reichhaltig und bietet große Tiefe. Hier ist eine Übersicht über Magie und Fähigkeiten im Spiel:

1. Magisches System

- Magie ist in mehrere Schulen unterteilt, wie z **Elementarzauber** (Feuer, Eis, Donner usw.), **Heilzauber**, Und **Statuseffekte** (Gift, Lähmung, Schlaf usw.). Jeder Charakter hat je nach Klasse und Fähigkeiten Zugriff auf verschiedene Zaubersprüche.
- Charaktere erhalten neue Zauber, wenn sie ein Level aufsteigen oder neue Fähigkeiten freischalten, oft nach einem Fortschritt, der im Kontext der Welt und Geschichte des Spiels Sinn macht. Beispielsweise verfügt Alex als Schwertkämpfer über begrenzte magische Fähigkeiten, während Magier wie Nash über ein breiteres Spektrum an Zaubersprüchen verfügen.
- **Mana (MP)** ist erforderlich, um Zauber zu wirken, und die Verwaltung von MP ist in längeren Schlachten von entscheidender Bedeutung. Spieler müssen Angriff und Verteidigung ausbalancieren, indem sie Magie strategisch einsetzen, ohne dass ihnen in kritischen Momenten die MP ausgehen.

2. Elementare Magie

- Elementarmagie spielt eine wichtige Rolle im Umgang mit den Schwächen des Feindes. Feuer-, Eis-, Blitz- und Erdmagie haben jeweils spezifische Auswirkungen auf verschiedene Feinde. Beispielsweise verursacht der Einsatz von Feuermagie bei Feinden vom Typ Eis enormen Schaden, während Erdzauber gegen fliegende oder in der Luft schwebende Kreaturen möglicherweise effektiver sind.

- Einige Feinde können gegen bestimmte Elemente immun oder resistent sein, daher ist es wichtig, sich entsprechend anzupassen und Strategien zu entwickeln.

3. Fähigkeiten und spezielle Techniken

- Jeder Charakter hat Zugriff auf einzigartige Fähigkeiten, die über einfache Angriffe oder Magie hinausgehen. Diese Fähigkeiten sind oft an ihre Charakterklasse gebunden (Krieger verfügen beispielsweise über mächtige körperliche Techniken, während Magier verheerende Zauber wirken können) und können im Laufe der Charakterentwicklung verbessert werden.
- Einige Fähigkeiten haben spezifische Auswirkungen, wie z **Heile alle** (stellt die Gesundheit der gesamten Gruppe wieder her) oder **Multi-Strike** (greift alle Feinde mehrmals an), was sie in bestimmten Situationen wertvoll macht.

4. Fusions- und Combo-Magie

- In der remasterten Ausgabe ist die **Fusionsmagie** Das System ermöglicht es Charakteren, ihre magischen Fähigkeiten zu kombinieren, um noch größere Effekte zu erzielen. Dazu müssen sich zwei oder mehr Charaktere im Kampf befinden und gleichzeitig zum Wirken von Zaubersprüchen zur Verfügung stehen.
- Beispielsweise kann die Kombination von Alex' Feuerzauber mit Nashs Donnerzauber zu einem Ergebnis führen **Fusionsmagie** das allen Feinden explosiven

Elementarschaden zufügt. Diese verschmolzenen magischen Fähigkeiten sind mächtig und bieten spannende, strategische Optionen.

4.3. Bestands- und Artikelverwaltung

Die Verwaltung Ihres Inventars und Ihrer Artikel ist ein wichtiger Aspekt von *LUNAR Remastered Collection*, da es Ihnen ermöglicht, die Effektivität Ihrer Charaktere im Kampf und bei der Erkundung zu maximieren. Hier sehen Sie, wie das Inventarsystem funktioniert:

1. Bestandsübersicht

- Das Inventarsystem ist in Kategorien unterteilt, z **Waffen**, **Rüstung**, **Artikel**, Und **Materialien**. Jede Kategorie ist leicht zu navigieren, sodass Sie Ihre Charaktere schnell finden und mit der effektivsten Ausrüstung ausstatten können.
- **Waffen und Rüstungen** bieten unterschiedliche Werte wie Angriffskraft, Verteidigung und Elementarwiderstand, die für das Überleben härterer Schlachten von entscheidender Bedeutung sein können.

2. Artikeltypen

- **Heilgegenstände**: Tränke, Kräuter und Elixiere stellen Gesundheit und MP wieder her, die wichtig sind, um die Gruppe während längerer Dungeons und Bosskämpfe in Kampfform zu halten.
- **Statusheilende Gegenstände**: Diese Gegenstände entfernen Zustände wie Gift, Lähmung und Schlaf und stellen so sicher, dass Ihre Charaktere im Kampf aktiv bleiben.

- **Kampfgegenstände**: Einige Gegenstände können im Kampf für verschiedene Effekte verwendet werden, z. B. um Bomben zu werfen, um Feinden Schaden zuzufügen, oder um spezielle Gegenstände zu verwenden, um die Werte Ihrer Charaktere vorübergehend zu verbessern.

3. Handwerk und Materialien

- Die remasterte Version von *MOND* enthält ein optionales Handwerkssystem, mit dem Spieler Materialien aus der Welt sammeln und mächtige neue Gegenstände, Waffen und Rüstungen herstellen können. Für die Herstellung werden Rohstoffe benötigt, die von besiegten Feinden oder erkundeten Orten gesammelt wurden.
- Spieler können spezielle Handwerksläden besuchen, in denen sie Materialien gegen verbesserte Gegenstände eintauschen oder vorhandene Ausrüstung verbessern können. Dieses System verleiht der traditionellen Inventarmechanik eine zusätzliche Tiefe.

4. Verwalten des Lagerraums

- Der Lagerraum ist begrenzt, daher ist es wichtig, ihn effizient zu verwalten. Einige Gegenstände lassen sich stapeln, während andere möglicherweise mehr Platz beanspruchen. Daher ist es wichtig, den Überblick darüber zu behalten, was Sie für Ihre Reise benötigen.
- **Artikelorganisation**: Das Spiel verfügt über ein automatisches Organisationssystem, das Gegenstände nach Typ sortiert. Sie können Ihr Inventar jedoch auch manuell organisieren, um den Zugriff auf häufig verwendete Gegenstände zu erleichtern.

4.4. Levelaufstieg und Fortschritt

Die Charakterentwicklung ist von entscheidender Bedeutung für die *MOND* Erleben Sie, wie Ihre Gruppe dadurch stärker wird, neue Fähigkeiten freischaltet und härtere Feinde besiegt. Hier ist eine Übersicht über das Level- und Fortschrittssystem:

1. Erfahrung und Level

- **Erfahrungspunkte (EXP)** werden durch das Besiegen von Feinden und das Abschließen von Quests verdient. Mit zunehmender Erfahrung steigen die Charaktere im Level auf und ihre Werte erhöhen sich, wodurch sie mächtiger und fähiger werden, mit härteren Feinden umzugehen.
- **Statistikwachstum**: Jeder Charakter hat seinen eigenen Wertezuwachs, wie z. B. Stärke, Intelligenz, Beweglichkeit und Vitalität. Diese Statistiken wirken sich auf alles aus, vom Angriffsschaden bis zur magischen Kraft, sodass ein Levelaufstieg erhebliche Verbesserungen der Kampfleistung ermöglicht.

2. Fertigkeiten und Fertigkeiten werden freigeschaltet

- Wenn Charaktere aufsteigen, schalten sie neue Fähigkeiten und Fertigkeiten frei, die ihre Kampfoptionen erweitern. Dazu können neue Zaubersprüche, Kampftechniken und passive Fähigkeiten gehören, die ihre Leistung verbessern.
- Bestimmte Fähigkeiten werden durch freigeschaltet **Meilensteinereignisse** in der Geschichte oder nach Erreichen bestimmter Levelschwellen. Diese Fähigkeiten hängen oft mit der Charakterentwicklung und der narrativen Entwicklung zusammen.

3. Klassen- und Rollenfortschritt

- Viele Charaktere in der *MOND* Serien können unterschiedliche Rollen einnehmen bzw **Klassen** wie sie fortschreiten. Beispielsweise kann Alex die Fähigkeit freischalten, eine größere Auswahl an Waffen zu führen, während sich Hiros magische Fähigkeiten zu mächtigeren Formen weiterentwickeln können.
- Der Klassenfortschritt erfordert oft eine Auswahl, sodass Sie die Builds Ihrer Charaktere an Ihren bevorzugten Spielstil anpassen können. Einige Charaktere verfügen möglicherweise über verzweigte Kampfpfade, die es Ihnen ermöglichen, sich auf bestimmte Bereiche zu spezialisieren (z. B. physischer Kampf oder Magie).

4. Ausrüstungs-Upgrades

- Im Laufe des Spiels werden Sie auf immer mächtigere Gegner stoßen **Waffen** Und **Rüstung**, die für den Kampf gegen stärkere Feinde unerlässlich sind. Ausrüstungs-Upgrades sind an den Fortschritt Ihrer Charaktere gebunden und stellen sicher, dass sie beim Levelaufstieg mit Ausrüstung ausgestattet sind, die ihrer neu gewonnenen Stärke entspricht.
- Einige Ausrüstungsgegenstände können durch Spezialausrüstung weiter aufgewertet werden **Basteln** oder **Erweiterung** Systeme, die im Remaster eingeführt wurden.

Charakterentwicklung in der *LUNAR Remastered Collection* gibt den Spielern ein Erfolgserlebnis, wenn sie zusehen, wie ihre Charaktere an Kraft und Fähigkeiten wachsen. Dieses System ist eng mit den Kämpfen und der Erzählung des Spiels verflochten, sodass das Levelaufsteigen ein wichtiger Teil des Gesamtspiels ist

KAPITEL 5: ERKUNDUNG UND WELTAUFBAU

5.1. Die Welt des Mondes

Die Welt von *MOND* ist ein wunderschön gestaltetes Fantasy-Universum voller reicher Überlieferungen, lebendiger Landschaften und vielfältiger Kulturen. Die überarbeitete Sammlung bleibt dem Wesen der Originalspiele treu, verbessert jedoch die Umgebung und fügt neue Details für ein noch intensiveres Erlebnis hinzu. Hier ist ein Überblick über die Welt von Lunar:

1. Geographie und Regionen

- **Die Welt des Mondes** ist in verschiedene Kontinente und Regionen unterteilt, jeder mit seinem einzigartigen Klima, seinen einzigartigen Lebewesen und Zivilisationen. Von den friedlichen Städten bis zur gefährlichen Wildnis bietet jede Gegend etwas Besonderes.
- Zu den wichtigsten Standorten gehören die **Magisches Königreich Vane**, wo mächtige Magier leben, und **Das Land der Drachen**, ein geheimnisvolles Gebiet voller uralter Geheimnisse und mächtiger Wesen.
- Der **Silberner Sternenturm** Und **Der blaue Stern** Es gibt auch wichtige Orientierungspunkte, die mit der Handlung des Spiels verknüpft sind, und diese Orte werden in der überarbeiteten Version erweitert, um den Spielern beim Erkunden der Welt ein noch größeres Gefühl des Staunens zu vermitteln.

2. Kulturelle Vielfalt

- **Mond**Die Welt wird von verschiedenen Rassen bevölkert, jede mit unterschiedlichen Kulturen. Dazu gehören Menschen, Drachen und verschiedene Fabelwesen. Die sozialen Strukturen, die Architektur und sogar die Sprache unterscheiden sich von Region zu Region und verleihen dem Geschichtenerzählen Tiefe.
- Die Spieler werden auf verschiedene Städte und Siedlungen stoßen, in denen Menschen verschiedene Götter verehren oder bestimmte Traditionen pflegen, was dazu beiträgt, ein Gefühl des Eintauchens und der Verbundenheit mit der Welt zu vermitteln.

3. Überlieferung und Geschichte

- Die Welt ist voller Überlieferungen darüber **Drachenmeister**, **der Mond**, Und **alte Zivilisationen** das einst die Magie der Welt kontrollierte. Diese Hintergrundgeschichte wird Stück für Stück im Rahmen der Haupterzählung und Erkundung enthüllt und bietet den Spielern ein tieferes Verständnis der Geschichte des Landes.
- Wichtige historische Ereignisse wie der Fall des **Magischer Kaiser** und der Aufstieg der **Dunkler Lord**prägen einen Großteil der aktuellen Konflikte auf der Welt und die Reise des Protagonisten.

4. Worldbuilding-Verbesserungen

- In der überarbeiteten Sammlung wurde die Welt von Lunar durch verbesserte Grafiken, neue Umgebungsdetails und dynamischere Wettersysteme erweitert. Durch diese Veränderungen fühlt sich die Welt lebendiger und mit der

Handlung verbundener an, insbesondere an wichtigen Orten, an denen sich wichtige Ereignisse ereignen.

5.2. Städte und Siedlungen

Städte und Siedlungen dienen als wichtige Knotenpunkte in der Region *MOND* Serie bietet Orte zum Einkaufen, zum Sammeln von Informationen, zum Treffen mit NPCs und zum Fortschreiten der Hauptgeschichte. Jede Stadt hat ihren eigenen Charme und ihre Besonderheiten, und in der überarbeiteten Sammlung wurden diese Bereiche liebevoll und detaillierter restauriert. Hier ist eine Aufschlüsselung dessen, was die Spieler erwarten können:

1. Großstädte

- **Burg**: Die ruhige, bescheidene Heimatstadt der Protagonisten Alex und Hiro. Es ist der Ausgangspunkt ihrer Reisen und die Heimat vieler wichtiger Charaktere, einschließlich ihrer Familien und Freunde.
- **Sie haben**: Vane ist eine schwimmende Stadt, in der Magier leben. Sie dient als wichtiger Ort für den Handlungsfortschritt. Der **Weißer Drache** Hier thront die Kirche, und in ihren Türmen werden viele Geheimnisse der antiken Welt gelüftet.
- **Meribia**: Eine geschäftige Hafenstadt, die als wichtiger Handelsknotenpunkt in Lunar dient. Es ist reich an Kultur, Handel und Intrigen. Die Stadt verfügt über eine wunderschöne Architektur und beherbergt viele wichtige Nebencharaktere und Quests.

2. Tavernen und Geschäfte

- Jede Stadt und Siedlung verfügt über Besonderheiten
  Tavernen Hier können Spieler Informationen sammeln,
  Gerüchte hören und neue Gruppenmitglieder oder Söldner
  rekrutieren. Der **Geschäfte** In diesen Städten bieten Sie
  Ausrüstung, Heilgegenstände und gelegentlich auch seltene
  Gegenstände an, die Ihre Reise bereichern können.
- **Item-Shops**: Verkauf von Tränken, Kräutern und anderen
  Verbrauchsgütern.
- **Waffen- und Rüstungsgeschäfte**: Bieten Sie Ihren
  Charakteren neue Waffen, Rüstungen und Accessoires an, die
  für die Stärke Ihrer Gruppe im Kampf gegen stärkere Feinde
  von entscheidender Bedeutung sind.
- **Fachgeschäfte**: Bestimmte Städte können ebenfalls
  vorkommen **Fachgeschäfte** Hier können seltene
  Gegenstände, Handwerksmaterialien oder einzigartige
  Artefakte gekauft werden, um den Spielern zusätzliche
  Vorteile zu verschaffen oder bestimmte Nebenquests
  abzuschließen.

3. Stadtquests und Interaktionen

- Spieler können mit Stadtbewohnern interagieren, um sie
  freizuschalten **Nebenquests** die wertvolle Belohnungen wie
  Gegenstände, Erfahrung oder Hintergrundgeschichte bieten.
  Zu diesen Quests gehören häufig Besorgungen, Abholquests
  oder Herausforderungen, die in verschiedenen Städten
  abgeschlossen werden können.
- Zusätzlich, **NPCs** Geben Sie häufig wichtige Informationen
  weiter, die Hinweise darauf geben können, wohin Sie als
  Nächstes in der Hauptgeschichte gehen oder Geheimnisse
  über die Welt aufdecken können.

4. Verbesserte Stadtdesigns

- Mit dem Remaster sind die Städte lebendiger und detaillierter als je zuvor. Sie können die Welt von Lunar jetzt eingehender erkunden und versteckte Ecken jeder Stadt und neue Umgebungselemente entdecken, die in der Originalversion nicht vorhanden waren. Die dynamische Beleuchtung und die verbesserte grafische Wiedergabetreue erwecken die Städte mit belebten Marktplätzen und üppigen Gärten zum Leben.

5.3. Dungeons und Geheimbereiche

In Dungeons und versteckten Bereichen treten Spieler gegen mächtige Feinde an, lösen Rätsel und decken Schätze auf. Die remasterte Version von *MOND* bietet neue Gebiete zum Erkunden sowie verbesserte Dungeon-Designs. Hier ist eine Aufschlüsselung:

1. Dungeon-Typen

- **Traditionelle Dungeons**: Das Spiel bietet klassische Dungeonbereiche wie **Höhlen**, **Tempel**, Und **Burgen**, jedes mit seinen einzigartigen Herausforderungen, Fallen und Rätseln. Diese Dungeons beherbergen oft mächtige Bosse, wichtige Gegenstände und Wissen über die Welt.
- **Versteckte und optionale Dungeons**: Zusätzlich zu den Hauptdungeons gibt es über die ganze Welt verstreute geheime, optionale Bereiche. Diese Dungeons können durch das Lösen von Rätseln, das Erfüllen bestimmter Bedingungen oder das Besiegen spezieller Bosse freigeschaltet werden.
- **Sky Dungeons**: Die überarbeitete Sammlung führt neue Dungeons in großer Höhe ein, darunter schwebende Inseln

und mystische Himmel, und erweitert die ursprünglichen Erkundungselemente.

2. Erkundung und Rätsel

- *MOND*In den Dungeons des Spiels gibt es oft komplizierte Rätsel, die gelöst werden müssen, um voranzukommen. Diese können von der Suche nach versteckten Schaltern und der Navigation durch komplexe Labyrinthe bis hin zur Entschlüsselung antiker Texte oder der Manipulation der Umgebung reichen.
- **Umweltinteraktionen**: Die überarbeitete Version verbessert die Rätsel, indem sie Umgebungsinteraktionen hinzufügt, wie z. B. das Ändern des Wetters oder den Einsatz spezifischer Fähigkeiten der Charaktere, um Hindernisse zu überwinden. Dadurch wirkt jeder Dungeon dynamischer.

3. Geheime Bereiche und verborgene Schätze

- Die Welt von *MOND* ist voller versteckter Pfade und Bereiche, die mächtige Schätze oder Wissensstücke enthalten. Auf geheime Orte kann zugegriffen werden, indem bestimmte Aufgaben ausgeführt werden, beispielsweise das Sprechen mit NPCs in bestimmten Städten, das Besiegen versteckter Mini-Bosse oder das Abschließen bestimmter Nebenquests.
- **Legendäre Artefakte**: Zu den verborgenen Schätzen gehören legendäre Waffen, Rüstungen und Zubehör, die die Kampfkraft Ihrer Charaktere erheblich verbessern können und die Erkundung zu einem wichtigen Teil Ihrer Entwicklung machen.

4. Bosskämpfe und Herausforderungen

- Viele Dungeons gipfeln in einem intensiven Dungeon
  Bosskämpfe die die Spieler dazu bringen, alle erworbenen
  Fähigkeiten und Strategien einzusetzen. Diese Bosse sind oft
  mit der Geschichte verbunden und dienen als wichtige
  Meilensteine der Erzählung. Das Remaster verleiht diesen
  Kämpfen eine gewisse Verfeinerung, einschließlich neuer
  Animationen und abwechslungsreicherer Angriffsmuster für
  jeden Boss.

5.4. Nebenquests und optionale Inhalte

Zusätzlich zur Haupthandlung ist die *LUNAR Remastered Collection*
bietet eine Fülle von **Nebenquests** Und **optionaler Inhalt** zum
Erkunden, was den Wiederspielwert und das Spielerengagement
erheblich steigert.

1. Charaktergesteuerte Nebenquests

- Viele Nebenquests drehen sich um die Charaktere Ihrer
  Gruppe. Dazu können persönliche Handlungsstränge
  gehören, in denen sich die Charaktere mit ihrer
  Vergangenheit auseinandersetzen, Beziehungen aufbauen
  oder neue Fähigkeiten freischalten. Das Abschließen dieser
  Quests führt oft zu sinnvollen Belohnungen, wie z **neue
  Kampffähigkeiten, einzigartige Ausstattung**, oder
  Zuneigungspunkte die die Dynamik der Partei steigern.
- Zum Beispiel, **Nash** Möglicherweise gibt es eine Nebenquest,
  in der es um seine Vergangenheit als rebellischer junger
  Magier geht, die Einblick in seinen Charakter gewährt und Sie
  mit mächtigen Zaubersprüchen oder Gegenständen belohnt.

2. Weltspezifische Quests

- Einige Nebenquests sind an bestimmte Bereiche der Welt gebunden, beispielsweise an das Finden **verlorene Schätze**, lösen **lokale Geheimnisse**oder NPCs in Schwierigkeiten helfen. Diese Quests ermöglichen oft ein tieferes Verständnis der Überlieferungen und Geschichte der Welt, enthüllen Geheimnisse und stellen einzigartige Herausforderungen dar.
- **Legendäre Monster**: Eine unterhaltsame und herausfordernde Nebenquest, bei der es darum geht, legendäre Monster zu jagen und zu besiegen, die die Welt durchstreifen. Diese Kreaturen sind schwer zu finden und noch schwerer zu besiegen, aber wenn sie besiegt werden, hinterlassen sie mächtige Belohnungen.

3. Minispiele und Sammlerstücke

- Die remasterte Sammlung stellt Neues vor **Minispiele** zum Spielen in der Stadt oder auf Reisen. Dazu können gehören **Angeln, Puzzlespiele**, oder **Rennen** Herausforderungen. Diese Spiele bieten eine unterhaltsame Abwechslung zur Hauptgeschichte und können Spieler mit einzigartigen Gegenständen oder Erfolgen belohnen.
- **Sammlerstücke**: Spieler können auch nach suchen **Sammlerstücke**, wie zum Beispiel **alte Relikte, seltene Bücher**, oder **verborgene Schätze**, die zur Geschichte des Spiels beitragen und zusätzliche Belohnungen bieten.

4. Inhalte nach dem Spiel

- Nach Abschluss der Hauptgeschichte schaltet die remasterte Sammlung zusätzliche Inhalte frei, wie z **neue Dungeons, stärkere Bosse**, Und **alternative Handlungsstränge**. Dieser Post-Game-Inhalt stellt eine erhebliche Herausforderung für diejenigen dar, die ihr Abenteuer verlängern und jeden Aspekt des Spiels abschließen möchten.

KAPITEL 6: GESCHICHTE KOMPLETT: LUNAR: SILVER STAR STORY ABGESCHLOSSEN

6.1. Beginn der Reise

Der Anfang von *LUNAR Remastered Collection* führt den Spieler in die Hauptcharaktere, die Welt und die treibende Kraft hinter der Geschichte ein. Der Remaster verleiht der Eröffnungssequenz mehr Tiefe und Schliff und bringt die Spieler mit einer atemberaubenden Einführung ins Spiel. Hier ein Überblick über den Beginn der Reise:

1. Einführung in Alex und die Welt von Lunar

- Spieler werden vorgestellt **Alex**, der Protagonist, ein kleiner Junge aus der Kleinstadt **Burg**. Sein Traum, wie sein Vater vor ihm Drachenmeister zu werden, bereitet die Bühne für das bevorstehende Abenteuer.
- Das Spiel beginnt in **Burg**, wo Alex' Leben einfach ist und er bei seinem Adoptivvater lebt. Die Stadt dient als ruhige Kulisse, um dem Spieler die Grundlagen des Spiels, wie Bewegung, Kampf und Interaktionen mit den Charakteren, näher zu bringen.

2. Der Katalysator für die Reise

- Das Abenteuer beginnt ernst, als Alex sich trifft **Offizier**, ein mysteriöses Mädchen, dessen Singstimme mystische Kraft besitzt. Lunas Erscheinen und die Magie, die sie ausstrahlt, markieren den Beginn von Alex' Reise und es zeigt sich, dass Luna eine entscheidende Rolle im Schicksal der Welt spielt.

- **Alex' Aufruf zum Handeln** kommt, wenn er auf a trifft **Drachen**, ein ikonischer Moment im Spiel. Dies bereitet ihm die Bühne, sich auf eine epische Suche zu begeben, um die Wahrheit über das herauszufinden **Drachen**, Die **Das Erbe des Drachenmeisters**, und das Mystische **Blauer Stern**.

3. Aufbau der Partei

- Während die Reise voranschreitet, nimmt Alex' Party Gestalt an. Zunächst wird Alex von seinem Freund aus Kindertagen begleitet **Hiro**, ein erfahrener Schwertkämpfer. Später gesellen sich eine Vielzahl unterschiedlicher Charaktere hinzu, darunter **Nash** (ein Zauberer mit einer mysteriösen Vergangenheit) und **Galeone** (eine legendäre Figur, die mit dem Schicksal der Welt verbunden ist).
- Das Spiel ermöglicht es den Spielern, Beziehungen zu diesen Charakteren aufzubauen und so im Verlauf des Abenteuers eine tiefere emotionale Verbindung herzustellen.

4. Einführung in die Spielmechanik

- Frühe Abschnitte des Spiels dienen als Tutorial **Kampf**, **Erforschung**, Und **Questverwaltung**. Die überarbeitete Version verfügt über verbesserte visuelle Hinweise und neue Spieler können sich auf intuitivere Systeme zum Levelaufstieg, zur Interaktion mit NPCs und zur Verwaltung des Inventars freuen.
- In diesen frühen Stadien liegt auch ein Schwerpunkt auf **geschichtengetrieben** Missionen, die dazu dienen, den Spieler in die übergreifende Erzählung und die Schlüsselthemen von einzuführen **Hoffnung**, **opfern**, Und **Bestimmung**.

6.2. Wichtige Handlungsstränge

Der *LUNAR Remastered Collection* bietet eine komplexe Erzählung mit mehreren Handlungssträngen, die während der Reise ineinandergreifen. Der Remaster verbessert das Geschichtenerzählen und vertieft die Motivationen und Handlungsstränge der Charaktere. Hier ist eine Aufschlüsselung der wichtigsten Handlungsstränge:

1. Der Aufstieg des Drachenmeisters

- Alex' Reise wird von seinem Wunsch getrieben, der zu werden **Drachenmeister**, eine alte und verehrte Rolle. Als er davon erfährt **Drachen** und ihrer Verbindung zur Weltmacht steigt der Einsatz.
- In diesem Handlungsstrang muss Alex beweisen, dass er dieser Rolle würdig ist, indem er sich gefährlichen Prüfungen stellt und auf Gestalten aus seiner Vergangenheit trifft, die seine Entschlossenheit in Frage stellen.

2. Der geheimnisvolle blaue Stern

- Ein großer Bogen in der Geschichte dreht sich um das **Blauer Stern**, ein mystisches Wesen, das den Schlüssel zu Lunars Schicksal enthält. Während die Gruppe um die Welt reist, decken sie Geheimnisse darüber auf **Blauer Stern**, sein Link zu **Offizier**, und die Antike **Drachenmeister**.
- Dieser Bogen untersucht Themen von **Schicksal** Und **opfern**, während Alex und seine Freunde die Wahrheit hinter dieser mächtigen Kraft und die Rolle, die sie dabei spielen müssen, sie zu schützen oder zu zerstören, ans Licht bringen müssen.

3. Der Kampf gegen den Dunklen Lord

- Ein drohender Antagonist, bekannt als **Dunkler Lord** fungiert als Hauptgegner, dessen Macht droht, die Welt in Dunkelheit zu stürzen. Dieser Handlungsbogen ist voller actiongeladener Sequenzen und gipfelt in einer entscheidenden Konfrontation zwischen Alex und dem Dunklen Lord.
- Während die Party voranschreitet, erfahren sie mehr darüber **Dunkler Lord** Ursprünge und Motivationen, die eine zutiefst persönliche Verbindung zur Welt und ihrer alten Geschichte offenbaren.

4. Hintergrundgeschichten und Wachstum der Charaktere

- Das Remaster erweitert die Hintergrundgeschichten der Schlüsselfiguren und bietet tiefere Einblicke in ihre Beweggründe und Kämpfe. Zum Beispiel, **Nash**Der innere Konflikt zwischen Pflicht und persönlichen Wünschen spielt eine große Rolle **Offizier**Die Verbindung zu den antiken Göttern wird im Verlauf der Handlung deutlicher.
- Charaktergesteuerte Nebenquests und Momente des Dialogs ermöglichen es den Spielern, die Beziehungen zwischen den Gruppenmitgliedern weiter zu erkunden und so der gesamten Geschichte emotionales Gewicht zu verleihen.

6.3. Bosskämpfe und Strategien

Bosskämpfe sind ein Markenzeichen von *MOND* Serie, und die remasterte Sammlung bereichert diese Begegnungen mit detaillierteren Animationen, verbesserter KI und einzigartigen Kampfmechaniken. Hier ist eine Anleitung zum Bewältigen einiger der härtesten Bosse des Spiels:

1. Wichtige Boss-Begegnungen

- **Der Dunkle Lord**: Der letzte Kampf des Spiels ist ein monumentaler Kampf gegen die **Dunkler Lord**, dessen immense Kraft und komplexe Angriffsmuster eine sorgfältige Vorbereitung erfordern. Die Spieler müssen ihre Ressourcen verwalten und Magie und Fähigkeiten strategisch einsetzen, um ihn zu besiegen.
- **Monddrachen**: Während des Spiels wird Alex gegen Mächtige antreten **Monddrachen**, wobei jedes ein anderes Element darstellt. In diesen Kämpfen müssen oft elementare Schwächen ausgenutzt und einzigartige Statuseffekte bewältigt werden.
- **Mini-Bosse**: Auf der Reise werden Spieler auf Begegnungen stoßen **Mini-Bosse** die erhebliche Herausforderungen mit sich bringen. Diese Kreaturen dienen oft als Torwächter zu neuen Gebieten und können wichtige Beute fallen lassen oder besondere Fähigkeiten freischalten.

2. Kampfstrategien

- **Schwächen ausnutzen**: Jeder Boss hat seine eigenen Elementar- und Statusschwachstellen. Spieler können **prüfen** Bosse und spezifische Verwendung **Zaubersprüche** oder **Artikel** diese Schwächen auszunutzen.
- **Rundenbasierte Taktiken**: Das rundenbasierte Kampfsystem ermöglicht eine sorgfältige Planung. Wenn man es mit harten Chefs zu tun hat, ist es wichtig, die Balance zu halten **Offensive** Und **Defensive** Strategien, Verwendung **Heilzauber** Und **Statuseffekte** um Bosse zu zermürben und gleichzeitig Ihr Team zu schützen.
- **Ressourcenmanagement**: Viele Bosskämpfe sind lang und die Verwaltung von Ressourcen (wie MP für Magie und Heilgegenstände) ist der Schlüssel zum Überleben. Spieler

sollten sicherstellen, dass sie gut mit Heilgegenständen ausgestattet sind **Buffing-Zauber** um ihre Verteidigung in schwierigen Schlachten zu stärken.

3. Spezialangriffe und Grenzüberschreitungen

- Spieler können verwenden **Combo-Angriffe** Und **Limit-Breaks** um Bossen massiven Schaden zuzufügen. Diese Spezialbewegungen können das Spiel verändern, insbesondere bei langen, langwierigen Bosskämpfen.
- Das richtige Timing dieser Bewegungen ist entscheidend. Speichern **Limit-Breaks** für die kritischsten Momente, um verheerende Schläge auszuteilen und das Blatt im Kampf zu wenden.

4. Endgültige Bosskampf-Tipps

- Für die **Dunkler Lord** Endkampf, konzentriere dich auf die Verwendung **Schwächungszauber** um die Stärke und Verteidigung des Bosses zu schwächen und deine stärksten Zauber aufzuheben, um schweren Schaden zu verursachen.
- Stellen Sie sicher, dass Ihr Team **PS** immer hoch ist und dass Heilzauber sofort eingesetzt werden, wenn jemand in Gefahr ist.

6.4. Schluss und Epilog

Das Remastered *MOND* Die Sammlung bietet einen emotionalen und befriedigenden Abschluss von Alex' Reise, mit Verbesserungen am Ende und einem tieferen Epilog. Hier ist ein Blick auf den Abschluss des Spiels:

1. Klimatische Konfrontation

- Nach dem Kampf gegen die **Dunkler Lord**, Alex und seine Gefährten stehen vor der ultimativen Prüfung ihrer Stärke und Entschlossenheit. Der letzte Kampf ist emotional und voller Enthüllungen über **Offizier** und die Verbindung zwischen dem **Blauer Stern** und das Schicksal der Welt.
- Der Ausgang dieser Schlacht bestimmt die Zukunft von Lunar und seinen Menschen, wobei Alex die Verantwortung dafür übernimmt **Drachenmeister** um das Gleichgewicht wiederherzustellen.

2. Auflösung von Charakterbögen

- Der Epilog geht auf die Schicksale der Schlüsselfiguren ein und zeigt, wohin ihr Leben nach den Ereignissen des Spiels führt. Alex und seine Gefährten kehren zurück **Burg**, aber ihre Reisen haben sie für immer verändert.
- Der Remaster bereichert diese Momente durch zusätzliche Szenen, die ein stärkeres Gefühl des Abschlusses vermitteln und es den Spielern ermöglichen, über ihre Reise nachzudenken.

3. Entscheidungen und mehrere Enden

- Abhängig von den Entscheidungen der Spieler während des Spiels kann dies der Fall sein **alternative Enden** die unterschiedliche Ergebnisse liefern. Dazu können kleine Abweichungen im Schicksal der Charaktere oder im Zustand der Welt nach der Niederlage des Dunklen Lords gehören.
- Der Remaster bietet Spielern die Möglichkeit, alle möglichen Enden zu erkunden, und bietet so einen höheren Wiederspielwert.

4. Das Erbe von Lunar

- Der Epilog bildet nicht nur den Abschluss, sondern gibt auch einen Vorgeschmack auf zukünftige Abenteuer und bereitet so die Bühne für mögliche Fortsetzungen oder weitere Erkundungen des Spiels *MOND* Universum. Die Geschichte von **Alex** und seine Gefährten werden Teil des **Das Erbe des Drachenmeisters**, um sicherzustellen, dass ihre Handlungen auch im Laufe der Zeit nachhallen.

KAPITEL 7: DURCHFÜHRUNG DER STORY: LUNAR 2: ETERNAL BLUE ABGESCHLOSSEN

7.1. Die Bühne bereiten

Die Welt von *LUNAR Remastered Collection* basiert auf einem reichen Geflecht antiker Überlieferungen, mächtiger Magie und einem langjährigen Kampf zwischen Gut und Böse. Um die Welt und die Erzählung des Spiels zu verstehen, ist es entscheidend, die Bühne für das Abenteuer zu bereiten. Das Remaster bietet von Anfang an ein fesselndes Erlebnis und zieht die Spieler mitten in die epische Geschichte von Lunar.

1. Der blaue Stern und der Mond

- Die Geschichte beginnt mit dem **Blauer Stern**, ein mysteriöses und magisches Wesen, das das Schicksal der Welt in seinen Händen hält. **Offizier**, die wichtigste weibliche Protagonistin des Spiels, ist eng mit diesem Wesen verbunden, das Alex und seine Gefährten in eine Welt voller Magie, Drachen und längst vergessener Kräfte entführt.
- Der **Mond** ist auch ein entscheidendes Element der Geschichte, wobei die Charaktere oft auf seinen Einfluss auf das Gleichgewicht der Welt verweisen. Die Symbolik des Mondes und seine Verbindung zur Magie und zum Konflikt des Spiels verleihen der Erzählung eine tiefere Ebene.

2. Das Erbe der Drachenmeister

- Alex' Reise ist tief in der Geschichte des verwurzelt **Drachenmeister**, mächtige Individuen, die einst mit ihrer Verbindung zu den Drachen die Welt beschützten. Dieses uralte Erbe dient als Hintergrund für das gesamte Abenteuer, beeinflusst wichtige Ereignisse und prägt die Wege, die die Charaktere einschlagen.
- Während Alex versucht, sich des Titels würdig zu erweisen **Drachenmeister**, verrät die Geschichte mehr über die Geschichte der Drachenmeister und ihre Verbindung zum **Dunkler Lord** und andere Feinde, denen sie gegenüberstehen werden.

3. Der Beginn der Reise

- Das Spiel beginnt in **Burg**, einer ruhigen Stadt, in der Alex und seine Freunde ihr Abenteuer beginnen. Dieser bescheidene Anfang steht im Kontrast zu der riesigen Welt und den epischen Schlachten, die vor uns liegen, und bereitet die Bühne für eine großartige Geschichte, die die Spieler mitreißen wird **schwimmende Städte**, **alte Tempel**, Und **gefährliche Dungeons**.
- Von hier aus erfahren die Spieler nach und nach mehr über das **Drachenmeister** und die Rolle, die sie dabei spielen müssen, eine drohende Katastrophe zu verhindern und dabei langsam Geheimnisse aufzudecken, die den Verlauf ihrer Reise verändern werden.

4. Der Aufruf eines Helden zum Abenteuer

- Der Ruf zum Abenteuer wird ausgelöst, als Alex und seine Freunde die wahre Macht des entdecken **Blauer Stern** und erkennen, dass sie Teil eines größeren Kampfes zwischen

Licht und Dunkelheit sind. Dieser Moment markiert den Beginn ihres Aufstiegs vom unerfahrenen Abenteurer zum Helden, der in der Lage ist, mächtigen Mächten entgegenzutreten.

7.2. Wichtige Handlungspunkte

Der *LUNAR Remastered Collection* spinnt eine komplexe Geschichte voller Wendungen und emotionaler Momente. Mehrere wichtige Handlungspunkte treiben die Erzählung voran und jeder einzelne fügt der übergreifenden Geschichte neue Ebenen hinzu. Hier ist eine Aufschlüsselung der wichtigsten Handlungsmomente:

1. Die Entdeckung von Lunas Kräften

- Zu Beginn des Spiels trifft Alex **Offizier**, dessen Gesang mit dem verbunden ist **Blauer Stern**s Macht. Lunas Rolle in der Geschichte ist entscheidend und ihre Verbindung zu Alex und der Welt wird im Verlauf des Abenteuers immer deutlicher.
- Diese Offenbarung führt dazu, dass die Gruppe mehr darüber erfährt **Drachenmeister** und ihre Verbindung zu den Kräften, die Lunar bedrohen.

2. Der Aufstieg des Dunklen Lords

- Der Antagonist, der **Dunkler Lord**, stellt sich als große Bedrohung heraus. Während Alex und sein Team um die Welt reisen, entdecken sie Hinweise auf seine Vergangenheit, seine Ambitionen und seinen Wunsch, die Macht des Blauen Sterns zu nutzen, um die Welt nach seinem Vorbild neu zu gestalten.

- Es stellt sich heraus, dass das ultimative Ziel des Dunklen Lords, die Herrschaft zu erlangen, mit einer alten, vergessenen Prophezeiung zusammenhängt, und Alex' Gruppe muss ihn aufhalten, bevor seine dunklen Pläne in die Tat umgesetzt werden.

3. Das Vermächtnis der Drachenmeister

- Während die Gruppe tiefer in die Geschichte eintaucht, erfahren sie mehr darüber **Drachenmeister** und das Erbe, das sie hinterlassen haben. Diese alten Krieger waren die Beschützer der Welt und ihre Verbindung zu den Drachen ist von zentraler Bedeutung für die Magie und Geschichte des Spiels.
- Die Charaktere enthüllen Geheimnisse über die **Die verlorene Magie der Drachenmeister** und die Art und Weise, wie sie diese Kräfte nutzen können, um ihren Feinden entgegenzutreten, was in Alex' Verwandlung zum neuen Drachenmeister gipfelt.

4. Der Verrat der Verbündeten

- Im Laufe des Spiels gibt es Momente von **Verrat** Und **versteckte Agenden**, wo vertrauenswürdige Verbündete ihre wahren Beweggründe offenbaren. Diese Wendungen in der Handlung stellen Alex' Vertrauen auf die Probe und zwingen ihn, schwierige Entscheidungen zu treffen, die den Zusammenhalt des Teams beeinträchtigen.
- Ein bedeutender Verrat betrifft eine Figur, die zwar scheinbar ein Verbündeter ist, aber persönliche Motive hat, die die Gruppe in große Gefahr bringen und der Erzählung emotionale Komplexität verleihen.

5. Die letzte Konfrontation mit dem Dunklen Lord

- In den entscheidenden Momenten der Geschichte stellen sich Alex und seine Freunde dem **Dunkler Lord** in einem epischen Endkampf. In diesem Konflikt steht viel auf dem Spiel und das Schicksal der ganzen Welt steht auf dem Spiel, während die Gruppe alles, was sie gelernt hat, auf die Probe stellt.

7.3. Herausfordernde Begegnungen

Während des gesamten Spiels *LUNAR Remastered Collection* fordert die Spieler mit einer Vielzahl schwieriger Begegnungen heraus, die sowohl strategisches Denken als auch eine starke Charakterentwicklung erfordern. Hier ist ein Blick auf einige der schwierigeren Momente:

1. Bosskämpfe

- **Drachen und legendäre Monster**: Spieler treten gegen mächtige Drachen und andere legendäre Monster an, die das Ausnutzen von Schwächen und den Einsatz fortgeschrittener Taktiken erfordern. Diese Schlachten sind oft mehrphasig und weisen komplizierte Angriffsmuster auf, die schnelles Denken und Anpassungsfähigkeit erfordern.
- **Die Kräfte des Dunklen Lords**: Spieler stehen im Laufe des Spiels immer schwierigeren Dienern des Dunklen Lords gegenüber. Diese Feinde wenden oft komplexe Taktiken an, die von den Spielern nicht nur verlangen, sich zu wehren, sondern auch Rätsel zu lösen oder mit begrenzten Ressourcen umzugehen.
- **Mini-Bosse**: Zusätzlich zu den Hauptbossen gibt es Begegnungen mit Minibossen, die über die Dungeons und

Nebenquests verteilt sind. Diese erfordern, dass die Spieler ihre Strategien verfeinern und ihr gesamtes Arsenal an Fähigkeiten nutzen.

2. Dungeons und Umweltgefahren

- Viele Dungeons sind voller Fallen, Umweltgefahren und Rätsel, die die Geduld und strategische Planung eines Spielers auf die Probe stellen. Diese können reichen von **zeitgesteuerte Herausforderungen** zum Navigieren durch Räume voller Fallen, in denen das Betreten des falschen Felds oder das zu lange Bewegen schwere Strafen nach sich ziehen kann.
- **Ressourcenmanagement** ist in diesen Dungeons von entscheidender Bedeutung, da die Spieler den Einsatz von Heilgegenständen und Magie ausbalancieren müssen, um in diesen ausgedehnten Gebieten zu überleben. Einige Abschnitte erfordern auch das Zurückverfolgen oder das Lösen von Umgebungsrätseln, was die Komplexität zusätzlich erhöht.

3. Charakterentwicklung und Fähigkeitsanpassung

- Einige der schwierigeren Begegnungen in *MOND* kann durch Beherrschung überwunden werden **Charakterentwicklung** Und **Fertigkeitsanpassung**. Durch die Verbesserung der Fähigkeiten der Charaktere und die Verwaltung ihrer Fähigkeiten können Spieler härtere Schlachten effizienter angehen.
- Zum Beispiel das Entsperren und Verwenden der richtigen Kombination von **Zaubersprüche**, **Ausrüstung**, Und **Strategien** kann den Unterschied zwischen Sieg und Niederlage ausmachen. Es ist von entscheidender Bedeutung, die Fähigkeiten Ihres Teams an bestimmte

Herausforderungen anzupassen, insbesondere in den späteren Phasen des Spiels.

4. Die letzte Schlacht

- Der Kampf mit dem **Dunkler Lord** ist der Höhepunkt aller im Laufe des Spiels erlernten Fähigkeiten. Es ist vielschichtig und erfordert von den Spielern ein Gleichgewicht zwischen Angriff, Heilung und dem Einsatz besonderer Fähigkeiten, um den Dunklen Lord und seine Streitkräfte zu besiegen. Strategie und Ressourcenmanagement sind hier besonders wichtig, da dieser Kampf den Einsatz all dessen erfordert, was der Spieler bis zu diesem Punkt beherrscht.

7.4. Fazit und letzte Gedanken

Der *LUNAR Remastered Collection* bietet ein atemberaubendes und emotionales Erlebnis, das sowohl alte Fans als auch Neulinge der Serie zu schätzen wissen. Mit verbesserter Grafik, überarbeiteter Spielmechanik und einer tieferen Handlung baut der Remaster auf den Grundlagen der Originalspiele auf und fügt neue Ebenen an Tiefe und Spannung hinzu.

1. Eine Reise, die sich lohnt

- Das Remaster bewahrt die Essenz des Originals *MOND* Gleichzeitig werden erhebliche Verbesserungen eingeführt, die das Gesamterlebnis verbessern. Vom emotionalen Geschichtenerzählen bis zum reichhaltigen Aufbau der Welt werden die Spieler auf eine Reise eingeladen, die sowohl nostalgisch als auch frisch ist.

- Der *MOND* Die Serie war schon immer wegen ihrer fesselnden Charaktere und der komplizierten Handlung beliebt, und der Remaster verstärkt diese Elemente und bietet Spielern die Möglichkeit, dieses klassische Abenteuer mit modernen Verbesserungen zu erleben.

2. Charakterwachstum und emotionale Investition

- Eines der herausragenden Merkmale von *LUNAR Remastered Collection* ist die Art und Weise, wie es die Verbindung zwischen dem Spieler und den Charakteren vertieft. Alex, Luna, Hiro und der Rest der Gruppe fühlen sich lebendiger und vollkommener verwirklicht, wobei jedes Mitglied seine eigene emotionale Reise durchläuft, die mit der größeren Erzählung verknüpft ist.
- Die Entscheidungen, die die Spieler während des Spiels treffen, führen zu sinnvollen Ergebnissen und stellen sicher, dass sich die Reise persönlich und wirkungsvoll anfühlt.

3. Wiederspielbarkeit und neue Funktionen

- Das Remaster enthält neue Inhalte, wie z **Nebenquests, alternative Enden,** Und **versteckte Bereiche**und ermutigt die Spieler, zum Spiel zurückzukehren, auch nachdem die Hauptgeschichte abgeschlossen ist. Diese Ergänzungen bieten mehr Möglichkeiten zur Erkundung und Entdeckung.
- Der **neue Dungeons, Bosskämpfe,** Und **Herausforderungen im Spiel** bieten zusätzliche Ebenen der Tiefe für diejenigen, die ihre Fähigkeiten bis an die Grenzen ausreizen möchten.

4. Letzte Gedanken

- *LUNAR Remastered Collection* ist ein meisterhaftes Update eines beliebten Klassikers, das sowohl Nostalgie für wiederkehrende Fans als auch Spannung für Neulinge bietet. Seine Kombination aus emotionalem Storytelling, herausforderndem Gameplay und wunderschönem Weltaufbau sorgt dafür, dass es im RPG-Genre weiterhin herausragt.

- Egal, ob Sie ein erfahrener Abenteurer oder ein Neuling in der Welt von Lunar sind, diese überarbeitete Sammlung ist eine unvergessliche Reise, die die Zeit überdauert.

KAPITEL 8: TIPPS UND STRATEGIEN

8.1. Kampftipps

Kämpfe ein *LUNAR Remastered Collection* ist zutiefst strategisch und erfordert von den Spielern, ihre Ressourcen sorgfältig zu verwalten, die Schwächen der Feinde auszunutzen und sich an sich ständig ändernde Kampfszenarien anzupassen. Hier sind einige wichtige Tipps, die Ihnen im Kampf zum Erfolg verhelfen:

1. Meistern Sie das rundenbasierte System

- Das Kampfsystem in *MOND* ist rundenbasiert, was bedeutet, dass Timing und Planung entscheidend sind. Nehmen Sie sich die Zeit, die Fähigkeiten jedes Charakters kennenzulernen und herauszufinden, wann Sie sie einsetzen sollten.
- Priorisieren **Polieren** Und **Schwächung** früh in Schlachten. Zaubersprüche, die die Verteidigung Ihrer Charaktere verbessern oder die Angriffskraft des Feindes verringern, können einen großen Unterschied machen.

2. Elementare Schwächen verstehen

- Viele Feinde drin *MOND* haben **elementare Schwächen** (Feuer, Eis, Blitz usw.) und die Ausnutzung dieser Schwächen kann Ihnen helfen, härtere Feinde viel effizienter zu besiegen.
- Verwenden **Elementarzauber** und Fähigkeiten strategisch, insbesondere gegen **Chefs** oder **besondere Feinde** die anfälliger für eine Art von Magie sind.

3. Balance zwischen Angriff und Verteidigung

- Im Kampf geht es darum, die richtige Balance zwischen Offensiv- und Defensivtaktiken zu finden. Wenn Sie es mit einem mächtigen Feind zu tun haben, haben Sie keine Angst, sich auf ihn zu konzentrieren **Heilung** Und **Polieren** anstatt zunächst anzugreifen.
- Benutzen **Schutzzauber** wie **Barriere** Und **Schild** in Ihrem Team kann in längeren Schlachten den Unterschied zwischen Sieg und Niederlage ausmachen.

4. Verwenden Sie die richtigen Waffen und Ausrüstung

- Behalten Sie das im Auge **Waffen** Und **Rüstung** Deine Charaktere sind damit ausgestattet. Mit zunehmendem Fortschritt werden die Gegner stärker und Sie müssen Ihre Ausrüstung regelmäßig verbessern.
- Einige Waffen und Rüstungen gewähren **Spezialeffekte** wie erhöhte Geschwindigkeit oder verbesserte Verteidigung, die im Kampf erhebliche Vorteile bringen können.

5. Profitieren Sie von Spezialangriffen

- Spezielle Angriffe, wie z **Limit-Breaks** Und **Combo-Angriffe**, sollte stärkeren Gegnern oder entscheidenden Momenten im Kampf vorbehalten sein.
- Diese Angriffe können enormen Schaden anrichten und das Blatt in einem schwierigen Kampf wenden. Denken Sie jedoch daran, dass sie oft nur begrenzt einsetzbar sind, also verschwenden Sie sie nicht mit kleineren Begegnungen.

8.2. Ressourcenmanagement

Effizientes Management Ihrer Ressourcen in *LUNAR Remastered Collection* ist entscheidend, um die lange Reise zu überleben, insbesondere beim Dungeon-Crawling oder bei Bosskämpfen. So holen Sie das Beste aus Ihren Ressourcen heraus:

1. Überwachen Sie die MP- und HP-Nutzung

- Deine Charaktere verlassen sich darauf **Magische Punkte (MP)** Zauber wirken und **Trefferpunkte (HP)** um am Leben zu bleiben. Behalten Sie immer beides im Auge, denn wenn Ihnen in einem kritischen Moment die MP oder HP ausgehen, können Sie verwundbar werden.
- Gehen Sie bei der Verwendung strategisch vor **Heilgegenstände** oder Zaubersprüche nur bei Bedarf. Bewahren Sie sie nach Möglichkeit für Bosskämpfe oder besonders schwierige Begegnungen auf, damit sie Ihnen nicht ausgehen, wenn Sie sie am meisten brauchen.

2. Besorgen Sie sich Heilmittel

- Im Laufe des Spiels werden Sie auf eine Vielzahl von Heilgegenständen stoßen, z **Zaubertränke** Und **Elixiere**. Stellen Sie sicher, dass Sie es tun **Vorrat** diese Gegenstände, besonders bevor du gefährliche Dungeons erkundest oder dich in harte Schlachten begibst.
- **Gegenmittel** Und **Statusheilungsgegenstände** sind auch wichtig, um Gift, Lähmungen oder andere schwächende Zustände während des Kampfes zu heilen.

3. Verwalten Sie Ihr Geld mit Bedacht

- Geld rein *MOND* kann für die Aufrüstung von Waffen, den Kauf von Verbrauchsmaterialien oder die Verbesserung der Fähigkeiten von Charakteren ausgegeben werden. Priorisieren **Waffen-Upgrades** über den Kauf von Artikeln, wenn Sie sich auf Ihr Ressourcenmanagement verlassen können.
- Sie können immer mehr Geld verdienen, indem Sie Feinde besiegen, Quests abschließen und Erkundungen unternehmen. Daher ist es wichtig, in den ersten Abschnitten des Spiels nicht zu viel auszugeben.

4. Sparen Sie oft und strategisch

- In vielen RPGs kann man leicht in die Aufregung geraten und es vergessen **speichern** Fortschritt. **Speichern Sie häufig** um zu vermeiden, dass Ihr Fortschritt im Falle eines unerwarteten Todes oder Misserfolgs verloren geht.
- Nutzen Sie mehrere Speicherplätze, um sich Flexibilität und Sicherheit zu verschaffen, falls Sie eine Entscheidung treffen, die Sie später bereuen oder nicht weiterkommen.

8.3. Navigationshinweise

Die Welt von Lunar ist weitläufig und bietet viele Städte, Dungeons und versteckte Gebiete, die es zu erkunden gilt. Wenn Sie wissen, wie Sie effektiv navigieren, können Sie während Ihrer Reise Zeit und Frust sparen. Hier einige Navigationstipps:

1. Planen Sie Ihre Routen

- Während *MOND* bietet eine offene Welt, einige Bereiche lassen sich besser in einer bestimmten Reihenfolge erkunden. Stellen Sie sicher, dass Sie jeden Bereich gründlich erkunden, bevor Sie zum nächsten übergehen. Sie möchten keine wichtigen Nebenquests oder verborgenen Schätze verpassen.
- **Markieren Sie wichtige Standorte** auf Ihrer Karte (wenn möglich) oder behalten Sie den Überblick über wichtige NPCs, die Sie besuchen sollten, da diese hilfreiche Informationen liefern oder später im Spiel wichtige Ereignisse auslösen können.

2. Nutzen Sie Fast Travel mit Bedacht

- Wenn Sie weitere Bereiche freischalten, wird das Spiel eingeführt **schnelle Reise** Optionen, mit denen Sie schnell zu zuvor besuchten Städten und Orten zurückkehren können. Nutzen Sie diese Funktion, um die Reisezeit beim Zurückfahren zu verkürzen, achten Sie aber auch auf das Potenzial **Feinde** oder Herausforderungen, die Sie dabei möglicherweise verpassen.
- **Hinweis: Einige Dungeons** Und **geheime Bereiche** Möglicherweise ist eine weitere Erkundung zu Fuß erforderlich. Beeilen Sie sich also nicht durch Schnellreisepunkte, bis Sie sicher sind, dass Sie alles entdeckt haben.

3. Lernen Sie Dungeon-Layouts

- Die Navigation durch Dungeons kann schwierig sein, und das ist bei vielen der Fall **Rätsel** oder **versteckte Pfade** die sorgfältige Aufmerksamkeit erfordern. Machen Sie sich

insbesondere mit jedem Dungeon-Layout vertraut
Chefzimmer, Schatztruhen und versteckte Türen.

- Einige Dungeons haben auch **geheime Räume** die wertvolle Beute oder seltene Gegenstände enthalten. Halten Sie Ausschau nach subtilen Hinweisen wie Veränderungen in der Umgebung oder ungeklärten Passagen.

4. Retten und heilen Sie vor Großereignissen

- Vor dem Betreten **Boss-Bereiche** oder Standorte mit **hochstufige Feinde**, stellen Sie sicher, dass **speichern** Dein Spiel und heilen. In bestimmten Teilen der Welt ist es Ihnen nicht möglich, in Städte zurückzukehren oder Geschäfte zu besuchen. Daher ist es wichtig, vorbereitet zu sein.

8.4. 100 % Fertigstellung erreichen

Erreichen einer 100-prozentigen Fertigstellung *LUNAR Remastered Collection* ist eine herausfordernde, aber lohnende Aufgabe, bei der die Spieler jeden Winkel der Welt erkunden, Nebenquests abschließen und alle verborgenen Geheimnisse finden müssen. So stellen Sie sicher, dass Sie nichts unversucht lassen:

1. Schließe alle Nebenquests ab

- Während des gesamten Spiels können sich die Spieler engagieren **Nebenquests** die wertvolle Belohnungen bieten, wie z **seltene Gegenstände**, **Waffen**, oder **Erfahrung steigert**. Diese Nebenquests sind oft mit der Charakterentwicklung verbunden und helfen Ihnen, die Welt von Lunar besser zu verstehen.

- Stellen Sie sicher, dass Sie es tun **Schließe die Quests jeder Stadt ab** bevor Sie zum nächsten Bereich übergehen. Fehlende Nebenquests können dazu führen, dass du den Abschluss nicht zu 100 % erreichst, und sie schalten oft Schlüsselcharaktere oder wichtige Hintergrundgeschichten frei.

2. Finden Sie alle versteckten Gegenstände und Geheimnisse

- *MOND* ist voller verborgener Schätze und geheimer Bereiche. Auf einige davon kann nur durch Lösen zugegriffen werden **Umwelträtsel** oder Mächtige besiegen **Mini-Bosse**.
- Halten Sie Ausschau nach **versteckte Pfade, zerbrechliche Wände**, Und **Schatztruhen** das könnte in den Ecken von Kerkern versteckt sein. Achten Sie auch auf NPCs, da diese Ihnen möglicherweise Hinweise darauf geben, wo Sie diese versteckten Bereiche finden.

3. Schalte alle Charakterfähigkeiten frei

- Um das Spiel wirklich zu beenden, müssen Sie es tun **Level aufsteigen** Erweitere deine Charaktere vollständig und schalte alle ihre Spezialfähigkeiten frei. Diese Fähigkeiten werden Ihnen im Kampf helfen und die Navigation im Spiel erheblich erleichtern.
- Achten Sie auf **Ausbildungsorte** und besonders **Fähigkeitsverbesserungen** die auf der ganzen Welt erhältlich sind.

4. Maximieren Sie Ihre Enden und Entscheidungen

- *LUNAR Remastered Collection* verfügt über mehrere **Endungen**, abhängig von den im Laufe des Spiels getroffenen Entscheidungen. Wenn Sie alle möglichen Ergebnisse sehen möchten, stellen Sie sicher, dass Sie wichtige Abschnitte mit unterschiedlichen Entscheidungen oder Aktionen noch einmal abspielen.

- Eine 100-prozentige Fertigstellung zu erreichen bedeutet auch, alles Mögliche freizuschalten **Endspielinhalte** Und **alternative Enden**, was möglicherweise erfordert, dass Sie zurückgehen und bestimmte Ereignisse oder Entscheidungen noch einmal durchgehen.

Wenn Sie diese Tipps befolgen, sind Sie auf dem besten Weg, Ihr Ziel zu erreichen **100 % Fertigstellung** In *LUNAR Remastered Collection*, alles erleben, was das Spiel zu bieten hat, und die Geheimnisse seiner Welt vollständig enthüllen!

KAPITEL 9: NEUE FUNKTIONEN IN DER REMASTERED EDITION

9.1. Verbesserte Grafik und Audio

Der *LUNAR Remastered Collection* bringt eine atemberaubende visuelle und akustische Überarbeitung des klassischen Rollenspiels mit sich, die das Spiel für ein modernes Publikum neu belebt und gleichzeitig den nostalgischen Charme des Originals bewahrt. Hier ist eine Aufschlüsselung der wichtigsten Verbesserungen bei Grafik und Audio:

1. Aktualisierte Charaktermodelle und Animationen

- Eines der auffälligsten Upgrades im Remaster ist das **Charaktermodelle**. Die ursprünglichen pixeligen Sprites wurden durch wunderschön gerenderte, hochauflösende Modelle ersetzt, wodurch die Charaktere auf eine noch nie dagewesene Weise zum Leben erweckt werden.
- Auch die Animationen wurden geglättet, insbesondere in **Kampfsequenzen**, was eine flüssigere und dynamischere Aktion ermöglicht. Dadurch fühlen sich Kampf und Erkundung noch intensiver an.

2. Hochauflösende Umgebungen

- Umgebungen, von üppigen Wäldern bis hin zu unheimlichen Dungeons, haben ein komplettes grafisches Upgrade erhalten. Der **Hintergründe** Sie verfügen jetzt über detaillierte Texturen und stimmungsvolle Beleuchtung, die das Gefühl für den Ort verstärken. Der **Städte** Und **Städte** sind lebendiger, mit aufwendigeren Designs und lebendigen Details.

- Den Spielern wird eine Verbesserung auffallen **Wettereffekte**, wie Regen oder Nebel, die zum immersiven Charakter der Spielwelt beitragen.

3. Überarbeitete Filmsequenzen

- Das Remaster beinhaltet **überarbeitete Filmsequenzen** die den ursprünglichen Stil bewahren und gleichzeitig mit höherer Auflösung ein filmischeres Flair verleihen. Diese neu gerenderten Zwischensequenzen heben Schlüsselmomente der Geschichte hervor und verleihen den entscheidenden Szenen eine zusätzliche Ebene an Emotionen und Dramatik.

4. Verbesserter Audio- und Soundtrack

- Der **Soundtrack** wurde komplett neu gemastert und bietet ein reichhaltiges High-Fidelity-Erlebnis, das die ikonische Musik von mitbringt *MOND* mit moderner Audiotechnik zum Leben erwecken. Die orchestrierte Musik erfüllt die Luft jetzt mit mehr Details, Emotionen und Tiefe als je zuvor.
- Sprachausgabe war **erweitert** mit teilweise neu aufgenommenen Dialogen, die klarere und eindringlichere Darbietungen bieten, die mit der aktualisierten Grafik und dem verbesserten Gameplay harmonieren.

9.2. Verbesserungen der Lebensqualität

Der *LUNAR Remastered Collection* enthält mehrere Verbesserungen der Lebensqualität, die das Gameplay optimieren und das Erlebnis sowohl für neue Spieler als auch für Veteranen der Originalspiele angenehmer machen. Diese Funktionen tragen dazu bei, die Zugänglichkeit zu verbessern und Frustrationen bei langen Sitzungen zu reduzieren:

1. Automatische und manuelle Speicheroptionen

- Die Einführung von **Automatisch speichern** stellt sicher, dass Spieler sich keine Sorgen mehr machen müssen, in wichtigen Momenten, insbesondere vor schwierigen Schlachten oder Story-Ereignissen, das Speichern zu vergessen.
- Zusätzlich zum automatischen Speichersystem gibt es die Option für **manuelles Speichern** bleibt erhalten, sodass Spieler ihren Fortschritt jederzeit speichern können.

2. Kampf- und Zwischensequenzoptionen überspringen

- Für Spieler, die die Geschichte erleben möchten, ohne zu viel Zeit in sich wiederholenden Kämpfen zu verbringen, enthält das Remaster eine **Überspringen Sie den Kampf** Option. Dies ermöglicht es Spielern, zufällige Begegnungen zu umgehen, wenn sie sie ein paar Mal durchgekämpft haben oder sich nicht auf einen Grind einlassen möchten.
- Ähnlich, **Überspringen von Zwischensequenzen** ermöglicht es den Spielern, sich schnell durch Abschnitte des Spiels zu bewegen, die sie möglicherweise bereits gesehen haben, und ermöglicht so ein schnelleres Erlebnis.

3. Schnellere Bewegung und schnelles Reisen

- Der Remaster beinhaltet schneller **Bewegungsgeschwindigkeit** Sowohl in Städten als auch in Dungeons helfen sie den Spielern, die weite Welt von zu erkunden *MOND* effizienter.

- **Schnelle Reise** Auch die Optionen wurden verbessert und ermöglichen einen schnelleren Zugang zu zuvor besuchten Städten und wichtigen Orten, wodurch die Reisezeit verkürzt wird.

4. Verbessertes Inventarsystem

- Der **Bestandsverwaltung** Das System wurde überarbeitet, um es benutzerfreundlicher zu machen. Es bietet jetzt intuitivere Sortieroptionen, schnelleren Artikelzugriff und klarere Beschreibungen von Artikeln und Ausrüstung. Dies hilft den Spielern, Frustrationen bei der Verwaltung der großen Auswahl an Gegenständen, Rüstungen und Waffen im Spiel zu vermeiden.

9.3. Zusätzliche Sprachunterstützung

Eine der wichtigsten Verbesserungen in der *LUNAR Remastered Collection* ist die erweiterte Sprachunterstützung, die das Spiel für internationale Spieler und ein breiteres Publikum zugänglicher macht. So wurde das Spiel integrativer gestaltet:

1. Mehrere Sprachoptionen

- Das Remaster beinhaltet **Textübersetzungen** für mehrere Sprachen, einschließlich **Englisch**, **japanisch**, **Französisch**, **Deutsch**, **Spanisch**, Und **Italienisch**. Dadurch können Spieler aus verschiedenen Regionen das Spiel in ihrer Muttersprache genießen.
- Die Dialoge, Menüs und Beschreibungen im Spiel sind vollständig lokalisiert und stellen so sicher, dass das Erlebnis reibungslos und immersiv ist, egal wo Sie spielen.

2. Untertitel für alle Dialoge

- **Untertitel** sind für alle Dialoge verfügbar, sowohl während Zwischensequenzen als auch im regulären Gameplay. Dies ist besonders hilfreich für Spieler, die die Geschichte lieber visuell verfolgen möchten oder möglicherweise schwerhörig sind.
- Untertitel sind ebenfalls anpassbar, sodass Spieler die Schriftgröße und den Schriftstil an ihre Vorlieben anpassen können.

3. Lokalisierung von Sprachausgaben

- Zusammen mit den Textübersetzungen, **Sprachausgabe** wurde neu aufgenommen und für die wichtigsten Sprachen lokalisiert. Das bedeutet, dass die Charaktere jetzt in ihrer jeweiligen Sprache mit professioneller Sprachausgabe sprechen, was dem Erlebnis ein noch tieferes Maß an Authentizität verleiht.
- Spieler können zwischen verschiedenen Sprachspuren wechseln, um ihr Erlebnis noch individueller zu gestalten.

9.4. Einblicke und Interviews mit Entwicklern

Der *LUNAR Remastered Collection* Ohne die harte Arbeit und Leidenschaft des Entwicklungsteams wäre es nicht das, was es heute ist. In diesem Abschnitt tauchen wir ein in die Einblicke der Entwickler und hinter die Kulissen des Remaster-Prozesses, einschließlich exklusiver Interviews und Kommentare des Teams:

1. Der Remastering-Prozess

- In Interviews mit dem Entwicklerteam erfahren wir, wie sie den Remastering-Prozess angegangen sind **Aktualisierung der Grafiken** Und **Verbesserung des Soundtracks** bis hin zur Überarbeitung von Kampfsystemen und Spielmechaniken. Das Team spricht darüber, wie es die Essenz der Originalspiele bewahren und gleichzeitig moderne Funktionen einführen wollte, um das heutige Publikum anzusprechen.
- Die Herausforderungen von **Nostalgie mit Innovation in Einklang bringen** wurden besprochen, wobei die Entwickler erzählten, wie sie versuchten, das Erlebnis zu verbessern, ohne die Magie des Originalspiels zu verlieren.

2. Wiederkehrende Stimmen: Das Voice-Cast-Reunion

- Das Entwicklerteam spricht auch über den spannenden Prozess der Wiedervereinigung der ursprünglichen Stimmenbesetzung für bestimmte Charaktere. Einige der Darsteller kehrten zurück, um Schlüsselzeilen neu aufzunehmen, während andere am Remaster beteiligt waren **Kommentar hinter den Kulissen** um ihre Erfahrungen bei der Arbeit an den Originaltiteln auszutauschen.
- Einblicke in die **Emotion** Und **Hingabe** Hinter den Darbietungen der Charaktere verrät sich, wie die Stimmen dazu beigetragen haben, die Erzählung von zu verbessern *MOND*.

3. Entwerfen neuer Funktionen

- Die Entwickler diskutieren die Designentscheidungen dahinter **neue Funktionen** zum Remaster hinzugefügt, wie z **Kampf überspringen** Funktion, **Automatisch speichern**, Und

verbesserte Kampfmechanik. Sie erklären, wie wichtig es ist, das Spiel für ein breiteres Spektrum von Spielern zugänglicher und unterhaltsamer zu machen, auch für Neulinge, die mit dem älteren RPG-Design möglicherweise nicht vertraut sind.

- Ein Hauptaugenmerk lag darauf, dies sicherzustellen **Verbesserungen der Lebensqualität** hat die Herausforderung oder das Eintauchen in das Originalspiel nicht beeinträchtigt und die Balance beibehalten, die es geschaffen hat *MOND* in erster Linie ein beliebter Titel.

4. Fan-Feedback und Community-Engagement

- Die Entwickler denken auch darüber nach **Rückmeldung** Und **Unterstützung** aus dem *MOND* Fangemeinde im Laufe der Jahre. Viele Vorschläge der Fans wurden in das Remaster integriert, von aktualisierten Spielmechaniken bis hin zu neuen Inhalten wie Nebenquests und alternativen Outfits für Charaktere.
- Das Team betont, wie sehr es seine Fans schätzt und wie ihr Beitrag die Richtung des Remasters prägte, was zu einer ausgefeilteren und verfeinerten Version des Spiels führte.

KAPITEL 10: ANHÄNGE

10.1. Glossar der Begriffe

Während Sie Ihr Abenteuer beginnen *LUNAR Remastered Collection*stoßen Sie möglicherweise auf eine Vielzahl von Fachbegriffen, Gegenständen und Konzepten, die nur in der Welt von Lunar vorkommen. Dieses Glossar hilft Ihnen dabei, wichtige Begriffe und Mechanismen, die im Spiel verwendet werden, besser zu verstehen.

1. MP (Magische Punkte)

- Die Ressource, die zum Wirken von Zaubersprüchen im Kampf verwendet wird. Beim Einsatz von Magie werden MP verbraucht und können durch Gegenstände oder bestimmte Fähigkeiten wieder aufgefüllt werden.

2. HP (Trefferpunkte)

- Das Maß für die Gesundheit eines Charakters. Wenn die HP Null erreichen, wird der Charakter bewusstlos und Sie müssen Heilzauber oder Gegenstände verwenden, um sie wiederherzustellen.

3. Limit Break

- Spezielle, mächtige Angriffe, die Charaktere einmal einsetzen können **Grenzanzeige** ist gefüllt. Limit Breaks können massiven Schaden anrichten oder Ihrem Team erhebliche Stärkungen verleihen.

4. Erfahrungspunkte (XP)

- Punkte, die durch das Besiegen von Feinden oder das Erreichen von Zielen verdient werden. Durch das Sammeln ausreichender XP können Charaktere aufsteigen, ihre Statistiken verbessern und neue Fähigkeiten freischalten.

5. AP (Fähigkeitspunkte)

- Eine Ressource, die zur Aktivierung bestimmter Charakterfähigkeiten verwendet wird. AP wird normalerweise während des Kampfes wieder aufgefüllt, und eine effektive Verwaltung ist für den Erfolg von entscheidender Bedeutung.

6. Buff/Debuff

- A **polieren** bezieht sich auf einen Zauber oder Effekt, der die Fähigkeiten eines Charakters verbessert, z. B. die Erhöhung der Angriffskraft oder der Verteidigung. A **Debuff**schwächt hingegen einen Feind, indem es seine Werte senkt.

7. Gils

- Die Spielwährung, mit der Gegenstände, Ausrüstung und Dienstleistungen in Städten und Geschäften gekauft werden.

8. Nebenquests

- Optionale Aufgaben oder Ziele, die Spieler erfüllen können, um zusätzliche Belohnungen wie Erfahrungspunkte, Geld oder einzigartige Gegenstände zu erhalten.

9. Navi

- Eine Figur oder ein Führer, der Ihnen während Ihrer Reise Hinweise, Tipps und Anleitungen gibt. Navis liefern oft wichtige Story-bezogene Details oder führen Sie in versteckte Gebiete

10.2. Leitfaden zu Trophäen und Erfolgen

Für diejenigen, die einen 100-prozentigen Abschluss erreichen oder alle möglichen Belohnungen freischalten möchten, finden Sie hier einen Leitfaden, der Ihnen beim Verdienen hilft **Trophäen** Und **Erfolge** In *LUNAR Remastered Collection*.

1. Platin-Trophäe / 1000G

- Schalte alle anderen Trophäen/Erfolge frei, um diese zu verdienen **Platin-Trophäe** (PS4/PS5) oder **1000G** (Xbox). Dies ist die ultimative Belohnung für den Abschluss aller Aufgaben im Spiel.

2. Erfolge im Story-Fortschritt

- Während Sie die Geschichte des Spiels durcharbeiten, werden Sie mehrere freischalten **geschichtenbezogene Erfolge**. Diese werden für das Erreichen wichtiger Meilensteine in der Erzählung vergeben, wie zum Beispiel:
    - **Kapitel 1 abgeschlossen**: Beende den Prolog.
    - **Boss-Slayer**: Besiege den ersten großen Boss.
    - **Heldenreise**: Schließe einen großen Handlungsbogen ab.

o **Die letzte Schlacht**: Schließe den letzten Bosskampf des Spiels ab.

3. Kampferfolge

- Der Kampf ist ein zentraler Bestandteil des Gameplays und es gibt mehrere Erfolge, die mit der Kampfleistung verknüpft sind:
  - o **Meister der Magie**: Wirke 100 Zauber.
  - o **Combo-Meister**: Führen Sie 50 Mal einen Combo-Angriff aus.
  - o **Grenzbrecher**: Löst in jedem Bosskampf erfolgreich einen Limit Break aus.

4. Erkundungserfolge

- Die Welt von *MOND* ist voller verborgener Geheimnisse und Bereiche. Schalten Sie diese erkundungsbezogenen Erfolge frei:
  - o **Schatzjäger**: Finde und öffne 50 versteckte Truhen.
  - o **Geheimer Weg**: Entdecken Sie alle geheimen Bereiche in einem Dungeon.
  - o **Karten-Explorer**: Besuchen Sie jede größere Stadt und Siedlung.

5. Nebenquest-Erfolge

- Durch das Abschließen von Nebenquests erhältst du einige zusätzliche Erfolge:
  - o **Nebenquest-Champion**: Schließe 10 Nebenquests ab.
  - o **Legendärer Held**: Schließe alle verfügbaren Nebenquests ab.

6. Verschiedene Erfolge

- Einige Erfolge sind an Spielmechaniken oder besondere
  Herausforderungen gebunden:
    - **Goldgräber**: Sammle über 100.000 Gils.
    - **Ultimativer Sammler**: Sammle alle
      Ausrüstungsgegenstände und Gegenstände im Spiel.

10.3. Häufig gestellte Fragen

Hier ist eine Liste häufig gestellter Fragen, die Ihnen bei der Lösung
von Problemen oder der Klärung der Spielmechanik beim Spielen
helfen können *LUNAR Remastered Collection*:

1. F: Muss ich die Originalspiele spielen, bevor ich die Remastered-
Version spielen kann?

- **A:** Gar nicht! Die remasterte Version ist so konzipiert, dass sie
  sowohl für Neulinge als auch für wiederkehrende Fans
  zugänglich ist. Während die Originalspiele zusätzliche
  Hintergrundgeschichten und Kontext bieten, bietet das
  Remaster ein eigenständiges Erlebnis.

2. F: Kann ich zwischen klassischer und remasterter Grafik wechseln?

- **A:** Ja! Eines der coolen Features des *LUNAR Remastered
  Collection* ist die Möglichkeit, zwischen klassischer und
  remasterter Grafik umzuschalten. Sie können jederzeit hin-
  und herwechseln und so das Spiel in seiner Originalform oder
  in atemberaubender HD-Qualität genießen.

3. F: Wie kann ich das Level meines Charakters schneller erhöhen?

- **A:** Um schnell aufzusteigen, sollten Sie sich vor allem auf das Schleifen in stark frequentierten Kampfgebieten konzentrieren **Kerker** mit einer hohen Spawnrate von Feinden. Abschließen **Nebenquests** sorgt außerdem für wertvolle XP-Boosts.

4. F: Was passiert, wenn ich eine Nebenquest nicht bestehe oder einen Gegenstand verpasse?

- **A:** Die meisten Nebenquests können jederzeit abgeschlossen werden, bevor Sie die Hauptgeschichte des Spiels abgeschlossen haben. Das Verpassen bestimmter Gegenstände oder Quests kann jedoch bedeuten, dass Belohnungen entgehen. Stellen Sie sicher, dass Sie so viel wie möglich gründlich erkunden und vervollständigen!

5. F: Wie schalte ich das Wahre Ende frei?

- **A:** Um das zu entsperren **Wahres Ende**, müssen Sie sicher abschließen **Nebenquests** Und **Handlungszweige** die nur durch spezifische Entscheidungen in Schlüsselmomenten zugänglich sind. Das genaue Befolgen dieser Anleitung wird Ihnen dabei helfen, das optimale Ende zu erreichen.

10.4. Danksagungen und Referenzen

Wir möchten allen, die zur Entwicklung von beigetragen haben, unseren tiefsten Dank aussprechen *LUNAR Remastered Collection* und an diejenigen, die das Original unterstützt haben *MOND* Spiele.

Ohne das Engagement dieser Personen wäre diese Remastered-Version nicht möglich gewesen.

Besonderer Dank geht an:

- **Das ursprüngliche Entwicklungsteam:** Das Team von Game Arts, einschließlich der Autoren, Künstler, Designer und Programmierer, die das Original erstellt haben *MOND* Spiele, die den Grundstein für dieses Remaster legten.
- **Synchronsprecher und Besetzung:** Vielen Dank an die talentierten Synchronsprecher, die diese beliebten Charaktere sowohl in der Original- als auch in der Remastered-Version zum Leben erweckt haben.
- **Die Fans:** Für die Leidenschaftlichen *MOND* Fangemeinde, deren anhaltende Liebe und Unterstützung für die Serie dazu beigetragen hat, dass das Remaster Wirklichkeit wurde.

Referenzen:

- *LUNAR: Silver Star Story* Und *LUNAR 2: Ewiges Blau* - Original-Spielhandbücher und Entwicklungsmaterialien.
- Interviews mit den Entwicklern des Remasters, abgerufen aus verschiedenen Quellen, darunter Spieleentwicklungspanels und Featurettes.
- *LUNAR Remastered Collection* Offizielle Kunst- und Soundtrack-Broschüren.

Vielen Dank an alle, die mitgeholfen haben *LUNAR Remastered Collection* eine bemerkenswerte Reise durch eine geliebte Welt!